Eurydice Reinert Cend

**Les amazones du Knoryl
(tome.2)**

Souviens-toi

EURYUNIVERSE ÉDITIONS

ISBN : 978-2-36331-129-0
EAN : 9782363311290

Dépôt légal : mai 2015

Eurydice Reinert, auteure-conférencière, poétesse, romancière, essayiste, parolière et conteuse, membre de la SACEM et de la SOFIA

Biographie

Eurydice Reinert Cend est née au Bénin en 1969.
Elle obtint son baccalauréat à New-York, U.S.A., où elle séjourna pendant 3 ans et réside en France depuis 1991.
Titulaire d'un DESS en Communication Multimédia et d'une maîtrise en Business Management, elle écrit depuis l'âge de quatorze ans et explore divers genres littéraires dont la poésie, le conte, la nouvelle, le roman et l'essai... Eurydice Reinert Cend a publié plus d'une vingtaine de livres depuis 2005.
Auteur-conférencière, elle est également membre des associations littéraires suivantes : **l'ADILL**, la **Sofia, la Société des Auteurs Francophones.**
Eurydice a été choisie en tant que membre du jury de **la Fondation SNCF** pour la lutte contre l'illettrisme de 2012 à 2014.

Voir le site Internet pour plus d'information concernant ses œuvres littéraires et sa revue de presse :
http://euryuniverse.wix.com/euryuniverse

Bibliographie

Aux éditions Euryuniverse :

- *Les amazones du Knoryl, Vol.1 (roman),* 2014
- *Traits d'union (poèmes),* **2014**
- *Sous le baobab, écoute : Contes et légendes d'Afrique Vol.2,* **2012**
- *Baudelaire est mort, vive le poète, (livret d'opéra), Euryuniverse éditions, juin 2012*
- *Maman, comme un doux chant,* (recueil de poèmes), 2012
- *Pourquoi moi ?* (roman), 2011
- *Sous le baobab, écoute* : Contes et légendes d'Afrique Vol.1, 2010
- *L'impérissable quête Vol.2 : L'héritage de Yohanan,* (roman), 2010
- *L'impérissable quête Vol.1 : M'aimeras-tu ?* (roman), 2010
- *Le droit d'aimer,* (roman), décembre 2008
- *Parfums d'éternité,* (recueil de poèmes), novembre 2007
- *Elle, Ode à la femme et à l'amour,* octobre 2007
- *N'ayons pas peur,* (essai spirituel), octobre 2007

- ***Contes d'aujourd'hui et de toujours***, novembre 2007
- ***La vie en poésie***, (recueil de poèmes pour la jeunesse), novembre 2007, réédité en novembre 2009
- ***Renaissance dans le CHRIST***, (témoignage), 2006
- ***Les chansons d'Eurydice***, (recueil de poèmes), 2006
- ***L'œil***, (recueil de poèmes), 2005
- ***Pépé Reinert, un centenaire visionnaire***, (biographie), 2003
- ***L'abécédaire de l'Amour pour Elle***, (guide relationnel), novembre 2009
- ***L'abécédaire de l'Amour pour Lui***, (guide relationnel), novembre 2009

www.euryuniverse.net

Remerciements

À nouveau, un grand MERCI à mon ami Juan Miguel Aguilera pour sa grande gentillesse et pour sa générosité. Ce roman lui doit beaucoup grâce à son génie créateur, gentiment mis au service de cette œuvre, à travers la réalisation de la superbe couverture qui la met en valeur.

MERCI, du fond du cœur à mon ami Michel Van Leeuw, pour sa grande générosité de cœur. Sa relecture efficace, ses conseils et son intérêt pour mes écrits m'aident énormément.

Un grand MERCI à Lucie Bourgeois pour sa relecture perspicace et pour sa présence amicale.

Merci aux amis de toujours comme à ceux plus récents, votre présence et votre amitié m'importent véritablement.

Chers amis lecteurs, merci à vous du fond du cœur ! Vous êtes du nombre des braves qui osent encore l'aventure littéraire avec les auteurs peu médiatisés, qui avancent avec la passion de l'écrit au cœur.

Avant - propos

Le mythe des amazones est l'un des plus extraordinaires dont se nourrit l'imaginaire humain depuis la nuit des temps. L'histoire avec un grand H nous révèle toutefois qu'il ne s'agit pas que d'une légende que, derrière le mythe, se trouvent ces femmes qui ont véritablement existé et qui ont délibérément choisi de vivre en marge des valeurs patriarcales, s'affranchissant ainsi des lois créées par les hommes. Elles ont été nombreuses à avoir bouleversé l'ordre des choses à leur époque, sur tous les continents, en des périodes déterminantes. Mais n'étaient-elles vraiment que ces rebelles assoiffées de sang qu'on nomme aussi des tueuses d'hommes, des *Oiorpata* ?

À travers *Les amazones du Knoryl,* une trilogie originale dont *L'escapade rituelle* est le premier volume, Eurydice Reinert interroge ce mythe des plus troublants, en s'appuyant véritablement sur ce que l'on sait de ces femmes-guerrières ayant existé et laissé une trace mémorable de leurs exploits.

Ce deuxième tome plonge le lecteur dans l'univers déroutant des amazones, au fil des pages, l'invitant à suivre leurs traces dans le quotidien de leur vie, aussi tumultueuse qu'exaltante.

Un monde étrange, inscrit dans le mystère envoûtant de ces guerrières intrépides, qui s'avèrent également des amantes insaisissables et pleines de fougue, attend ici les audacieux assoiffés d'inédit, d'aventure et de légendes.

La publication du troisième volume de la trilogie, intitulé *Le pacte,* est prévue pour fin 2015.

Knoryl : le royaume des amazones
Le Knorylsea la cité royale
Hasgolan : l'île visitée
Hoz : chef des iliens d'Hasgolan
L'Avajar : le navire de la reine
Le Thorus : 2ème navire
L'Injamon : 3ème navire
La reine : Blisskiss
Première conseillère et maîtresse de la reine : Sica
Ankora : fille de Blisskiss
Jakul : le dieu des eaux
Capitaines : Séliyem et Dasha
Omphalée : capitaine et sœur de Blisskiss
Hushka : titre de reine
Laskyl : la première reine des amazones du Knoryl
Honan : l'instructrice des novices
Krihka et Toznahé : novices
Les rescapés du Vangal
Leur chef : Sèzo
L'adjoint de Sèzo : Houédassou
Zelta : l'ancêtre préhistorique
Aïgba ou Aï : la déesse-mère
Kanun : le serf tenté par Houédassou

Deux ans après la dernière escapade rituelle, les amazones ont offert l'hospitalité aux rescapés du Vangal après les avoir secourus et soignés. Le royaume du Knoryl s'accommode au mieux de la présence de ces hommes qui n'ont rien des serfs dévoués aux braves guerrières.

Les étrangers découvrent les us et coutumes du Knoryl, réalisent, ahuris, qu'une femme a le droit de choisir plusieurs compagnons pour son bon plaisir. Au début, cela les étonne et les amuse mais, très rapidement, des sentiments contraires se font jour.

« Quand tu auras bu jusqu'à la lie l'innommable mixture de l'amertume et désespérément exploré les tréfonds insondables du désespoir, tu viendras t'asseoir à la table de la modestie et, ensemble, nous cuverons l'aigre vin de nos espérances irradiées. »

Baudelaire est mort, vive le poète
(Livret d'opéra)
Eurydice Reinert Cend

Dans la caverne du savoir une instructrice se tient devant des fillettes assises en rangs sur une natte en raphia tressé. Postée sur un tabouret bas, à trois pieds, elle s'adresse à elles d'une voix forte et claire :

« Qui voulez-vous être ? », leur demande-t-elle.

- Amazone ! lui répondent les enfants en chœur.

- Et quelle est la devise des amazones ?

- Liberté, courage, fidélité, force et honneur ! énoncent-elles ensemble, d'une seule voix enthousiaste.

- Liberté, courage, fidélité, force et honneur, reprend une voix suave et pénétrante, depuis l'entrée de l'enceinte.

Tous les regards convergent aussitôt dans cette direction, tandis que la préceptrice et les fillettes se lèvent d'un seul bloc pour saluer celle qui vient d'arriver. De sa démarche souple et féline, Blisskiss s'avance alors vers la femme d'âge mûr qui instruit la classe et reçoit ses salutations ainsi que celles des petites, d'âges divers. D'un geste ample de la main elle les salue à son tour et les remercie.

- Liberté, ce principe premier est également celui fondateur de notre communauté. Nous devons la nôtre à notre ancêtre Laskyl dont la bravoure est devenue légendaire depuis tant de lunes, qu'on ne les compte plus.

Par la large entrée qui donne sur l'extérieur, la lueur du jour pénètre avec douceur la vaste enceinte aux parois en roche calcaire. Mais elle ne suffit pas à l'éclairer suffisamment. Des lampes à huile disposées sur le socle de jarres renversées, de tailles moyennes, confère à la pièce une luminosité douce et feutrée. Le sol est d'une propreté remarquable, et les nattes de raphia qui y sont étendues constituent l'unique confort dont disposent les filles. Seule la femme d'âge mûr qui les instruit bénéficie d'un fauteuil en bois, à l'aspect austère.

- La liberté, mes amies, c'est notre bien le plus précieux. Mais savez-vous pourquoi il en est ainsi ? s'enquiert encore la reine, tout en promenant un regard imperturbable sur l'assistance.

Tous les yeux sont braqués sur elle, même si aucune des gamines n'ose vraiment croiser les siens, car une rumeur persistante prétend toujours que la reine dispose de l'étonnant pouvoir lui permettant de foudroyer les gens d'un simple regard. Ceux qui l'ont déjà côtoyée ici ou là, et surtout lors des diverses escapades rituelles ou guerrières, en ont souvent témoigné. Aussi, est-ce d'une oreille attentive, à la fois craintive et admirative qu'elles l'écoutent toutes, tandis que Honan, l'enseignante, se tient paisiblement aux côtés de la reine, sans piper mot.

- Eh bien, c'est parce qu'elle nous permet de choisir notre propre destinée…, répond pourtant l'une des filles les plus âgées, d'une voix forte et affirmée, sans toutefois fixer Blisskiss des yeux.

- Et pour ne plus avoir à subir la volonté des hommes, avance encore une autre avec courage.

- Bien dit, Krihka et Toznahé ! les félicite la reine.

Les enfants s'étonnent naturellement du fait que Blisskiss puisse les connaître toutes, au point de désigner chacune d'elles par son prénom. Ce simple détail suffit à conforter la grande estime qu'elles nourrissaient déjà pour leur souveraine.

- Certaines d'entre vous arrivent au terme de l'enseignement qui leur permettra de se soumettre à l'initiation, si tel est leur désir. Comme vous le savez toutes, seule cette étape nous permet de devenir véritablement des amazones.

À ces mots, soixante paires d'yeux admiratifs et curieux brillent d'une ardeur à peine contenue.

- Il s'agira pour chacune de celles concernées par ce passage obligé de prendre le temps nécessaire à la réflexion afin de décider si, oui ou non, elle souhaite suivre la voie des braves guerrières. Celles qui feront le choix contraire demeureront néanmoins dévouées à notre cause et s'acquitteront des tâches incombant à leur rang. N'oubliez pas que l'autre devise des amazones c'est « Vaincre ou mourir ! », même si toutes celles de notre communauté ne sont pas appelées à combattre sur le front, leur précise-t-elle.

Effectivement, les femmes de la communauté n'ayant pas voulu devenir amazones s'occupent du gynécée et de l'éducation quotidienne des enfants, qu'il s'agisse de ceux des serfs ou de ceux des guerrières. Toutefois le contenu de la formation octroyé aux uns et aux autres diffère largement, les enfants du sexe féminin étant appelés à commander les autres.

- Comme vous le savez déjà, toutes les femmes du Knoryl sont libres de contribuer à la vie de la communauté selon leur bon vouloir, qu'elles préfèrent devenir ou non amazones. Choisissez donc en votre âme et conscience la voie qui vous semble conforme à vos désirs. Vous êtes et vous demeurerez nos filles, nos sœurs, nos amies, quoi qu'il en soit. Je vous souhaite une journée riche en enseignements. À bientôt ! ajoute encore Blisskiss, tout en inclinant légèrement la tête vers son épaule droite, face aux filles fortement impressionnées par l'indubitable panache dont elle sait si bien faire preuve, en toutes circonstances. Une ovation retentissante salue ses propos rassurants et marque son départ.

La reine rejoint aussitôt son escorte qui l'attend paisiblement dehors. Disposées de part et d'autre de l'entrée, ses suivantes l'entourent prestement, dès qu'elles la voient apparaître en pleine lumière. Les unes marchent à ses côtés, les autres derrière elle. Un peu plus loin, tout près des vergers de la cité, la cohorte parvient au niveau d'une immense paillotte circulaire, sous laquelle un grand nombre de garçons se trouvent sagement assis. Une amazone se tient debout face à eux, non loin du tabouret qui lui sert de siège par moments. Il s'agit de leur instructrice principale, puisque chaque femme du Knoryl peut enseigner ou réprimander un serf, si elle l'estime nécessaire dans diverses circonstances. Les garçons se lèvent tous, promptement, et s'inclinent respectueusement, dès qu'ils remarquent la présence des femmes, selon la tradition en vigueur chez les amazones.

Les amazones poursuivent leur route sans se retourner. À peine accordent-elles un regard à ces enfants de serfs réunis là, pour y être éduqués conformément à la loi. L'instruction qui leur est réservée diffère largement de celle prodiguée aux filles du Knoryl. L'obéissance aux femmes en toute chose et en toute circonstance, tel est le mot d'ordre de cet enseignement destiné à faire d'eux de serviteurs modèles, serviables et loyaux. Aussi apprennent-ils, dès leur plus jeune âge, à valoriser le respect, la serviabilité et l'obéissance aveugle dus à leurs maîtresses. De ce fait, ils acceptent leur condition d'êtres humains asservis au bon vouloir des femmes du royaume, sans véritable envie de résistance. Les garçons subissent ainsi un conditionnement actif, dès la naissance. Leurs conditions de vie, bien qu'elles ne soient pas comparables à celles des femmes, n'en demeurent pas moins appréciables à certains égards. Aucun serf n'est maltraité sur l'île et tous sont convenablement nourris, vêtus, logés et entretenus. Par ailleurs, les plus vigoureux d'entre eux deviennent les amants occasionnels des amazones, auxquelles ils se dévouent corps et âmes, sans exiger rien pour eux-mêmes, hormis le privilège de pouvoir les satisfaire.

Tout en bas du précipice, dans un lagon bleu d'une beauté époustouflante, elles se tiennent à plusieurs dans un cercle parfait, défini par leurs torses visibles à la surface de l'eau. Une main après l'autre, elles fendent l'onde qui se déploie devant elles, suivant un rythme régulier, comme sous l'impulsion d'une musique naturelle. Le ciel étale sa robe bleue épurée tout là-haut. Des oiseaux migrateurs fendent l'espace supérieur des battements vigoureux de leurs ailes habituées aux longs voyages. Le soleil pointe majestueusement à l'horizon et n'a défini, pour l'instant, qu'un quart de disque. Soudain, au bout d'un moment, une créature émerge des profondeurs de l'eau dans un bond surpuissant, replonge dans la mer presqu'aussitôt après, puis elle réapparaît un moment plus tard. Son souffle ne semble pas avoir souffert le moins du monde de cette longue immersion dans l'immensité liquide. Elle vient d'en ressortir au bout d'une bonne demi-heure, environ, sous le regard médusé de ses compagnes, toujours autant émues par ce spectacle édifiant, chaque fois qu'elles y prennent part. Sa longue chevelure gorgée d'eau dégouline par pleines gouttes dans son dos et sur son visage émacié, libérant le surplus de liquide. Le souffle vivifiant du vent matinal balaie sa figure mouillée et l'assèche en peu de temps. Un aigle royal surgit, superbe, dans l'espace, toutes ailes déployées et vient se poser avec douceur sur l'épaule droite de cet être étrange. Cette créature n'est autre que Blisskiss, la formidable reine des amazones. À l'évidence, c'est le privilège des reines du Knoryl de vivre avec des capacités propres aux êtres amphibies, en plus d'être pourvues de pouvoirs supposés surnaturels.

Sur les hauteurs, le chef des rescapés du Vangal n'en revient pas. Ce qu'il vient de voir défie tout simplement l'entendement. Il se tenait là, caché, épiant ces femmes en compagnie de son ami, lorsque l'impensable se réalisa sous ses yeux médusés. Cette femme vient de resurgir au milieu des siennes, au bout d'un moment extraordinairement long, chose à peine concevable pour une créature humaine normalement constituée. Ces créatures sont-elles seulement humaines ? Ses amazones possèderaient-elles véritablement des pouvoirs surnaturels, comme il l'a si souvent entendu dire, s'interroge encore Sèzo, le plus gradé des survivants. L'homme frémit inévitablement à cette pensée, en sachant que ses compagnons et lui n'ont guère d'autre choix que celui de coexister avec ces êtres qui semblent n'être femmes qu'en apparence. Comment se tenir en leur présence sans trahir un peu de cette gêne qui vient de s'emparer de lui de façon irrépressible ? Quelle attitude observer en face d'elles, sans faillir, à présent qu'il sait ce dont elles sont capables ? Quelle relation ses congénères et lui peuvent-ils bien espérer nouer avec ces irréductibles guerrières, dorénavant ? Autant de questions que ne peut s'empêcher alors de se poser celui qui s'est retrouvé accidentellement à la tête du groupe des naufragés, suite au décès regrettable de tous ceux qui pouvaient prétendre à ce même titre. Et il n'est pas le seul. Houédassou, qui l'accompagne, semble également ébranlé par ce qu'ils viennent de voir.

Sèzo observe encore les amazones qui s'ébattent gaîment dans l'eau, autour de celle qui se trouve toujours au milieu d'elles. Elles nagent toutes, de façon admirable, effectuant par moments des plongeons et des bonds réguliers, définissant des figures étonnantes avec une adresse déconcertante.

L'homme se redresse doucement et, dans la plus grande discrétion, tente de se retirer, le premier, de l'endroit où son ami et lui se tiennent cachés. Toutefois, au moment précis où il esquisse le premier geste de retrait et détache sa main droite du rocher auquel elle est accrochée, ses jambes engourdies lui font défaut et flagellent. Elles viennent d'être contraintes à une position inconfortable pendant un long moment. L'homme du Vangal se rattrape de justesse, en s'agrippant de nouveau au rocher qui l'abrite depuis qu'il est arrivé sur les lieux.

Étrangement, dès qu'il parvient à rétablir son équilibre, il se sent observé, à son tour. Le chef regarde instinctivement en direction des amazones. Une paire d'yeux incisifs dardés sur lui semble pouvoir le transpercer de part en part, malgré la distance non négligeable qui le sépare alors des femmes-guerrières. Ce regard magnétique s'arrime au sien, irrésistiblement, l'espace d'un instant, nonobstant la présence de la végétation abondante sensée le soustraire à la vue. Ce regard ionique est celui de Blisskiss, l'incontestable reine des amazones, qui vient d'émerger des flots après l'une de ses remarquables excursions sous-marines, au sein du royaume de son divin époux, le vénéré Jakul. L'oiseau majestueux qui va et vient au-dessus du groupe de femmes, depuis qu'il les a rejoint, pointe soudain dans la direction des deux curieux. Il décrit rapidement un cercle superbe au-dessus de leurs têtes, puis il s'en retourne auprès de sa maîtresse, comme pour l'instruire de ce qu'il vient de découvrir. Les deux rescapés se tassent un peu plus derrière la masse rocheuse qui les abrite, en espérant ne pas avoir trahi leur présence par mégarde. Décidément, ces amazones n'ont rien des simples femmes qu'ils connaissent chez eux, se dit encore Sèzo, tout en s'éloignant prudemment du rocher, suivi par Houédassou.

Blisskiss reçoit enfin les naufragés et converse en tête-à-tête avec leur chef.

Là-haut, dans le ciel à présent sombre, une lune paresseuse traîne dans son sillage des nuages duveteux, d'un blanc transparent. La nuit a revêtu tout l'espace de son beau manteau noir étoilé, auréolé par la douce lueur de l'astre nocturne. Des grillons chantent à tue-tête un peu partout, dans les buissons comme dans les champs. Dans le Knorylsea, des va-et-vient incessants dénotent d'une fébrilité accrue. Toutes les têtes visibles dans les rues convergent joyeusement vers la grande place publique. Les gongs résonnent par à coup au cœur de la cité afin de rappeler à tous que ce soir sera fête. Tout près du palais, une jeune amazone peste contre une ronce qui vient de s'accrocher à un pan de sa robe courte qui volète au souffle impétueux du vent. Ses consœurs pressent le pas, sans s'arrêter sur ses états d'âme passagers. La belle ne reste pas longtemps à maugréer et, vivement, elle déchire tout simplement la partie abîmée de son habit, qui n'en ressort que plus original. L'asymétrie née de cette initiative confère à la demoiselle une allure bravache et attrayante.

Sous les tentes dressées dans la grande cour du palais, à l'ombre des sycomores, des palmiers dattiers, des citronniers et autres plantes exotiques aux arômes enivrantes, qui ondoient nonchalamment au gré du vent, les convives prennent place, chacune, selon sa catégorie. Par pleines rangées, se trouvent les novices, les amazones hirondelles, les guépards, les aigles, puis les louves. Viennent ensuite les doyennes, installées près de la grande tente royale où se trouvent les membres de la cour, entourés par la garde royale, puis les nourrices et les administratrices.

Les hirondelles représentent les guerrières dans la fleur de l'âge. Au printemps de leur vie, elles fécondent les rangs de leurs consœurs en y apportant un nouvel élan ainsi qu'une fraîcheur plus qu'appréciable.

Les guépards sont ces amazones confirmées dont l'ardeur au combat et la maîtrise des techniques de combat sont reconnues par toutes. Elles ont fait leurs preuves sur le terrain à maintes occasions, s'affirmant toujours, un peu plus, de façon redoutable. Elles symbolisent l'été.

Les aigles sont celles de ces femmes indomptables qui ont déjà passé et le printemps et l'été de leur vie, et qui, fortes de leurs multiples expériences, enrichissent les troupes grâce à leurs visions des choses clairvoyantes au cours des situations les plus périlleuses.

Les louves sont celles qui ne craignent plus rien d'autre que le fait de mourir hors du champ de combat, car elles ont déjà vécu tellement de choses qu'elles en arrivent à combattre avec l'insouciance de ceux qui se sont libérés de toute peur handicapante. Elles n'en sont que plus terrifiantes lors des batailles auxquelles elles prennent part.

Les doyennes sont ces amazones qui ne participent plus aux escapades guerrières mais qui servent toujours la communauté de diverses manières. Certaines deviennent instructrices, d'autres administratrices, d'autres encore des membres du corps de garde chargés de la surveillance des serfs et de la sécurité de l'île.

Les nourrices sont ces femmes qui ont préféré ne pas suivre la voie contraignante des amazones, tout en étant liées à elle par serment. Elles ne subissent pas l'ablation rituel du sein, servent la communauté en s'occupant du gynécée et s'occupent de l'éducation quotidienne des enfants comme des mères, sans les couver ni leur inculquer des façons de faire ou des idées amollissantes.

Les novices, enfin, sont ces jeunes filles qui suivent encore l'enseignement de la voie des amazones et qui n'ont pas encore passé le cap éprouvant de l'initiation. Parmi elles se trouvent aussi, ce soir, celles qui seront officiellement élevées au rang enviable des guerrières dans un futur proche.

La grande partie des amazones est déjà en place. Conduits par quatre solides guerrières non armées, les sept naufragés du Vangal entrent dans l'espace qui leur est dédié pour la fête. Des chuchotements s'élèvent par endroit, après un bref silence de circonstance. Face aux loges royales, l'une des amazones qui les accompagne désigne aux étrangers l'endroit où ils doivent s'asseoir. Ils s'installent maladroitement sur les couches confortables qui y sont apprêtées. Les hommes venus de loin observent la scène et le décor festif tout autour d'eux, sans pour autant oser affronter les regards animés et curieux de celles qui s'affichent davantage en maitresses d'elles-mêmes qu'en femelles soumises aux seuls désirs des mâles. Contrairement aux femmes que les Vangaliens ont l'habitude de côtoyer, les amazones ne reçoivent d'ordre d'aucun homme, qu'il s'agisse de ceux de leurs propres clans ou d'autres. Ils ne savent trop comment s'imposer peu ou prou, en pareille circonstance. Un sourire figé déforme immanquablement le visage de l'un, bien malgré lui. Les yeux vides et creux de l'un d'eux trahissent également cette peur viscérale qu'ils éprouvent dans leur mâle virilité, en sachant qu'ici ils ne possèdent aucune maîtrise sur les évènements. Sèzo et Houédassou essaient de se contenir tant bien que mal. Torse bombé et front relevé, le chef des naufragés darde un regard dénué de toute expression en direction de la scène centrale où flamboie ardemment un bûcher immense. Ses yeux s'arriment aux jeux dansants des flammes, pénètrent leur intensité subtile et se nourrissent de leur vive énergie, tout en omettant de trahir l'inconfort de celui qui tente alors de donner le change, coûte que coûte.

Depuis le centre de la place, un grondement de tambour annonce enfin l'arrivée de la reine et de son cortège. Presque tous les regards convergent naturellement vers la porte du palais, guettant le moment précis où elles apparaîtront. Les Vangaliens font de même, rapidement, après s'être rendu compte du mouvement général qui prend forme autour d'eux. Blisskiss fait une entrée triomphale au milieu de ses suivantes, elles-mêmes parées comme des reines.

Tout le Knorylsea ou presque déploie ici un faste digne des plus grandes cours du monde. Les amazones rivalisent visiblement de beauté et de force. Ici, nulle place à une quelconque pruderie ni aux faux semblants qui nourrissent tant l'imaginaire des esprits hypocrites. Chaque fille, chaque femme sait qu'elle est là pour se réjouir, et non pas pour donner aux autres l'impression d'exister.

La démarche ample, les yeux emplis de fierté et d'ardeur, la reine et sa cohorte fendent l'espace jusqu'à l'emplacement qui les attend, sous les regards admiratifs de l'assemblée. Les rescapés ne peuvent s'empêcher d'apprécier la superbe qu'elles affichent, toutes, indéniablement. Sèzo recherche le regard de Blisskiss, éblouissante comme toujours, dans sa courte tunique surmontée d'une peau de léopard qui pend négligemment sur le côté droit, recouvrant uniquement l'endroit du sein manquant. Sa brassière constituée d'une simple attache d'un tissu en lin, de couleur naturelle, déborde d'un sein généreux qu'elle a du mal à contenir. Un diadème de nacre, surmonté d'une remarquable plume bleue, ceint joliment son front majestueux. Une large ceinture en or, constituée de plaques finement ouvragées, entoure ses hanches, soulignant la finesse de sa taille ainsi que les fermes rondeurs de ses fesses saillantes. Ses sandales tressées remontent à mi-mollet, dévoilant de belles jambes musclées et longilignes. Tout son corps luisant se meut avec souplesse, à chacun de ses gestes que suivent immanquablement les regards de la foule focalisée sur sa royale personne. Ses comparses affichent également des tenues tout aussi remarquables, hormis le diadème qui distingue leur chef du groupe.

Blisskiss se tourne vers l'assistance qui s'est levée et qui l'acclame, depuis son entrée, lève les mains, paumes tournées vers le haut, puis elle balaye lentement l'assemblée du regard, comme pour saluer chaque convive, individuellement. Ce seul geste captive l'audience, accroît la fièvre qui coule dans les veines des fières guerrières à l'occasion de cette veillée festive. Une gestuelle pleine de magnificence, qui nourrit leur estime pour celle qu'elles respectent, à la limite de la vénération. Ses yeux s'arrêtent un instant sur le groupe d'hommes installés en face d'elle, au milieu de ses consœurs, puis ils achèvent leur course, sans oublier un seul pan du vaste espace sur lequel se trouvent les invités. La souveraine achève sa salutation sur un roulement de tambours annonçant son discours.

« Mes chères sœurs, nous voici réunies ce soir pour fêter une saison prospère. Ces dernières lunes nous ont été favorables et nous rendons grâce pour cela. Nos effectifs grandissent en nombre. Notre peuple se renforce autant par sa vaillance que par sa capacité à aller de l'avant, malgré l'animosité de ceux qui désapprouvent notre mode de vie et qui n'auront de cesse de vouloir nous anéantir. Nous célébrons donc ici, ce soir, autant l'abondance que les victoires que nous accordent les dieux. »

Sica se démarque alors du lot des suivantes de la reine, s'approche du grand brasier et jette sur les braises alentour une pleine poignée d'encens à base d'eucalyptus, sous forme de petits granules translucides. Une légère fumée blanche s'élève bientôt dans l'air, embaumant tout l'espace d'effluves parfumés. Sica vient se positionner derrière la reine. Celle-ci reprend :

- Nous sommes bénies des dieux et Jakul, notre divin bienfaiteur, ne nous a jamais laissé tomber. Nous les remercions par cette offrande, en espérant qu'ils la reçoivent de façon agréable.

La foule, exaltée, pousse soudain de vibrants cris de liesse sur ces paroles de Blisskiss, et toutes les amazones se mettent à psalmodier et à répéter :

« Gloire aux dieux qui nous soutiennent ! Gloire à Jakul, notre fidèle ami et dieu ! »

Blisskiss fend l'espace devant elle de sa main droite et le calme revient presque aussitôt.

- Oui, nous sommes bénies parce que nous n'avons jamais oublié ni manqué au pacte qui nous unit au dieu de la mer. Par ailleurs, nous ne combattons que ceux qui nous sont hostiles et qui souhaitent notre perte. Toutes choses qui ne peuvent que plaire aux dieux. Dans cette même perspective, nous accueillons ce soir les étrangers dont le navire a fait naufrage et qui se sont retrouvés sur nos berges afin qu'ils participent également à nos réjouissances. Notre peuple est principalement pacifique, bien qu'il ait vocation à se battre, toujours, dans le but de préserver sa survie. Mes amies, mes chères sœurs, faisons bon accueil aux rescapés du Vangal afin qu'ils puissent témoigner à leur tour de nos dispositions amicales, une fois de retour chez eux, souligne la souveraine, en déployant superbement son bras gauche à l'horizontale, dans le prolongement de l'épaule. L'aigle royal surgit subitement à l'horizon, fend majestueusement l'espace qui le sépare de Blisskiss et vient se poser doucement sur son épaule droite.

La foule, ébahie, observe la scène en silence. Les étrangers, impressionnés par cette mise en scène théâtrale, en restent bouche bée et gardent les yeux rivés sur le cercle central. Des murmures d'admiration s'élèvent bientôt parmi l'assistance.

La reine fait alors un signe en direction des batteurs, puis elle va prendre place sur le siège royal qui lui est réservé. Les musiciens se mettent à faire rugir leurs tambours, dès que l'amazone en chef frappe dans ses mains pour donner le signal annonçant le début des agapes. Les serfs s'empressent de servir les invités. Les plateaux chargés de mets raffinés se succèdent de même que les gourdes remplies de vin de palme, bientôt vidées. Des lamelles de viande d'agouti fumée, assaisonnée d'épices rares, font le régal de ces dames. Cette chair naturellement savoureuse obtient nettement la préférence du grand nombre. La rareté même de cette viande, offerte ici en quantité, souligne la générosité de la cour vis-à-vis des convives.

- Suivez-moi, intime soudain l'une des suivantes de Blisskiss à Sèzo, le chef du Vangal, qu'elle vient d'approcher. L'homme se lève tranquillement, comme pour marquer sa résistance à l'autorité féminine. Il chasse nonchalamment de sa joue droite une mouche imaginaire, pour donner le change, puis il se tourne enfin vers l'amazone et lui emboîte le pas. Sèzo promène paisiblement son regard sur les membres de la tribune royale et ne peut que convenir, en son for intérieur, de la belle prestance qu'elles affichent toutes.

- Reine Blisskiss, votre beauté et votre intelligence m'éblouissent. Permettez-moi de m'en réjouir…, avance galamment Sèzo, tout en s'inclinant devant la reine.

- Chef du Vangal, soyez les bienvenus chez nous, vous et les vôtres. Comme vous le savez déjà, sûrement : Les images nourrissent l'esprit, qui s'en inspire grandement, la plupart du temps. Tout ce cérémonial est donc indispensable dans une large mesure. Asseyez-vous donc près de moi, lui propose la souveraine en lui indiquant le siège vacant, installé à sa droite.

L'étranger y prend place avec l'élégance d'un haut dignitaire, et se retrouve dès lors entre Sica et la reine. Il offre un franc sourire à la favorite de Blisskiss, puis se tourne à nouveau vers la reine afin de poursuivre l'échange tout juste entamé.

- Plus que le cérémonial, c'est le naturel avec lequel vous parvenez à captiver l'attention du grand nombre qui m'impressionne, reine des amazones.

- Nous venons de loin, vous savez. Il nous aura fallu gagner des batailles innombrables pour nous imposer en tant qu'une peuplade libre. Nos rites nous permettent simplement d'inscrire nos victoires ainsi que nos coutumes dans les mémoires des nôtres.

- Justement, en ce qui concerne vos coutumes, pourquoi réduire les mâles à l'état de serfs ? Sur cette île, à ce qu'il me semble, aucun homme ne jouit de sa liberté d'être de façon normale ?

- Tout comme chez la plupart des peuples de la terre, dominés par des hommes, aucune femme ne bénéficie véritablement de sa liberté d'exister. Nous ne pouvons-nous permettre d'offrir la moindre chance aux hommes se trouvant sur nos terres de vouloir revendiquer et prendre le pouvoir. L'histoire nous enseigne qu'une telle négligence ne pourrait que nuire à nos intérêts fondamentaux. Ici, les femmes gouvernent, ordonnent et les hommes obéissent, tranche la reine de sa voix ferme et veloutée.

- Pour autant, estimez-vous que tout soit au mieux dans le meilleur des mondes chez vous ? Toute servitude porte en soi le germe de sa propre destruction. Vous et les vôtres, vous en donnez la preuve vivante. La rébellion est inscrite d'une manière ou d'une autre dans l'esprit de tout être vivant, encore plus dans celui d'un être humain !

- Je vous l'accorde, certes, nous ne sommes pas fières d'asservir les hommes au profit de notre cause. Mais qu'auriez-vous fait à notre place ?

- Je n'en sais rien, je le reconnais.

- Nos serfs mènent ici une vie décente et ils ne manquent de rien. En contrepartie des bons traitements dont ils jouissent, nous exigeons d'eux une totale obéissance ainsi qu'un respect irréprochable.

- Du peu dont je puisse juger, effectivement, les hommes qui vivent ici ne semblent pas vraiment malheureux.

- Ils ne le sont pas !

- Pourtant, je n'aimerais pas me trouver à leur place.

- Cela va de soi. Reconnaissez néanmoins que chez vous comme ailleurs, les serviteurs et les esclaves reçoivent souvent moins de considération que celle qu'on accorde aux bêtes !

- Un esclave est un esclave. Un serviteur est plus ou moins libre d'obéir ou non.

- Dans les deux cas, la vie oblige l'un comme l'autre à subir le sort auquel le soumet son supérieur pour sa subsistance, n'est-ce pas ?

- Ne sommes-nous pas tous les jouets de la destinée, d'une façon ou d'une autre, chère reine ?

- Nous le sommes tous, hélas ! Malgré tout, nous pouvons œuvrer afin d'amoindrir les maux qui gangrènent notre humanité. Nous, amazones, le faisons en offrant une vie dénuée de tourments inutiles à ceux qui nous servent.

- Je reconnais qu'il y a pire comme vie de serf, admet Sèzo, tout en promenant son regard sur l'assistance qui festoie toujours gaîment, à quelques pas d'eux.

Les hommes du Vangal semblent beaucoup plus détendus, à présent, au milieu des amazones qui les font manger et boire, tout en riant. À leur grand étonnement, elles les traitent comme des princes, leur glissant une tranche de viande dans la bouche, du bout des doigts, portant à leurs lèvres des calebasses du bon vin dont elles savent les secrets. Les interrogeant à propos d'une chose, puis d'une autre, d'un air espiègle, elles achèvent de les séduire tout à fait.

L'un des étrangers ne cesse de dévorer des yeux Ankora, la sublime fille de Blisskiss. Il essaie d'attirer son attention, par tous les moyens, tout en se soumettant au bon vouloir de ses consœurs, insatiables et si désirables.

« Eh, Kano, vient voir par ici. Je n'en crois pas mes yeux ! Tu vois bien ce que je vois ou non ? »

- Ben oui, on dirait bien que cette fille nous fait de l'œil... éhéhéhé, ce n'est pas pour me déplaire. On va se la faire, je te le dis, moi. Viens allons voir ce qu'elle veut, la belle allumeuse, murmure l'homme à son compagnon, tandis qu'une lueur mauvaise danse dans ses yeux.

À peine est-il penché sur la poitrine de la demoiselle, sous le regard incrédule de son acolyte, qu'ils se font assommer quasi simultanément. Les deux gardes s'écroulent sur le sol, sans avoir vu venir les coups assénés par les complices de la fille, qui s'étaient adroitement dissimulés dans des buissons.

Aux quatre coins de la concession, la même scène se déroule, presqu'à l'identique. L'un des membres de la sécurité du chef semble avoir flairé le danger et tente de revenir sur ses pas, mais il est déjà trop tard. Bouche ouverte, il tente de pousser un cri d'alerte mais sa gorge nouée par le poids de la surprise se bloque et il ne peut alors émettre le moindre son. Tandis que son esprit embrumé essaie de lutter vainement contre ce qui lui paraît à présent aberrant, à son tour, il se retrouve rapidement à terre et mord la poussière à pleines dents, sans avoir pu lutter.

- Tuez-les tous ! Qu'il n'en reste plus un seul, vieillard ou enfant. Finissons-en avec cette lignée dégénérée qui fait planer l'opprobre sur nos têtes depuis trop longtemps... feu... ordonne celui qui se trouve à la tête du groupe d'hommes qui vient de se déployer habilement autour de la concession du chef de l'île.

Des torches confectionnées avec des brindilles et des branches sont aussitôt jetées au-dessus des toits en pailles. Le feu prend rapidement et les crépitements des flammes se répondent les uns aux autres, de toit en toit. Dans les cases, hommes, femmes et enfants dorment paisiblement, sans se douter qu'il s'agit là de leur dernier sommeil au milieu des vivants. Seul le chef somnole et paraît dans un état semi-conscient, car il peine à trouver le sommeil depuis quelque temps. Les velléités de rébellion qu'il a perçues ici et là dans les propos de certains de ces dignitaires ont attisé en lui la méfiance instinctive qu'éprouvent ceux qui se sont péniblement érigés au sommet de l'échelle hiérarchique et qui savent qu'ils peuvent en déchoir, aussi bien, pour peu. Une angoisse permanente l'habite depuis lors et il ne parvient plus à dormir que d'un seul œil. L'homme à la tête des habitants de l'île se sent alors si épuisé, qu'il parvient à peine à faire la part des choses entre le rêve et la réalité. Aussi, lorsque l'odeur de la fumée s'infiltre à travers ses narines, fait fortement picoter ses muqueuses et le force à rechercher l'air pur en toussotant, met-il beaucoup trop de temps à émerger de la léthargie dans laquelle il était plongé. Le craquement d'une poutre se détachant de la toiture avec force l'arrache brutalement à son demi-sommeil. Il se traîne péniblement vers ce qui semble être l'entrée, malgré l'épaisseur de la fumée qui empêche déjà d'y voir clair de près comme de loin. L'homme éternue, suffoque, se couvre les yeux de ses mains comme pour les protéger de la chaleur insupportable qui le fait maintenant suer à grosses gouttes.

Il parvient néanmoins à s'extirper de la grande pièce dans laquelle il s'était allongé seul, sur une natte qu'il avait déroulée à même le sol, afin de ne pas inquiéter l'épouse avec laquelle il venait de partager sa couche, quelques heures plus tôt. Même le fait de faire l'amour à l'une de ses belles épouses ne suffisait plus à le délasser véritablement.

Une fois sur le seuil de la case, il happe l'air du mieux qu'il peut, par la bouche, par le nez, par tous ses pores. Toutefois, la sensation de brûlure ne lui laisse aucun répit et il n'ose même plus se toucher le visage, par peur de voir s'en détacher des lambeaux de peau abîmée. Il prend plusieurs volumes d'air et se rappelle enfin qu'il n'était pas seul dans cette pièce, que son épouse s'y trouve sûrement encore. C'est alors qu'il se relève et s'apprête à retourner dans la fournaise pour l'en soustraire. Néanmoins, une paire de mains qu'il ne peut distinguer, tant il a du mal à ouvrir les yeux, le tire vers la cour et le jette à terre et le fait valdinguer une bonne dizaine de pas plus loin.

- Voici donc le chien par lequel nous sommes tous réduits à l'abjection. Eh bien crève et emporte avec toi tes misérables rejetons ainsi que ta famille de débiles, lui lance l'homme à la tête de la rébellion, tout en le rouant de coups de pieds.

Ses camarades en font autant et les cris étouffés de l'homme, qui n'a déjà plus de visage, meurent avec les questions sans réponses qui l'assaillent au même moment. Tous les « pourquoi » désespérés qui sourdent alors du fond de ses entrailles ne trouveront jamais d'écho dans l'air empuanti et lourd qui fait déjà place à celui paisible qui régnait sur cette même place, au crépuscule, ce jour-là. Les habitants, réveillés par le fracas des structures hautes des cases qui s'effondrent les unes après les autres, se précipitent sur la place principale. Certains arrivent au moment où les hommes rebelles achèvent le chef de l'île qu'ils rouent toujours de coups, tout en l'insultant copieusement.

Sur l'île d'Hasgolan, le chef Hoz vient d'être exécuté et tous les siens ont été assassinés dans ce brasier qui les a tous consumés. Sa descendance éradiquée, nul ne pourra désormais songer à les venger, lui et les siens. Le plan implacable de ceux qui lui étaient hostiles vient de se déployer avec une précision et une violence sidérantes. Le sort de l'île change de mains, dès lors, et les habitants se réveillent déjà avec le goût amer du remords sur les lèvres. Le passé était ce qu'il était, mais il était plus ou moins sûr. L'avenir quant à lui s'entoure désormais de zones d'ombre opaques aux contours incertains. « Malheur à ceux qui ont osé ruiner la paix pour trois fois rien !», pensent en eux-mêmes les plus sages, avec le désespoir des jours sombres au fond du cœur.

Au sein du Knorylsea, la fête se poursuit pendant ce temps. Les Hommes du Vangal se sont laissé emporter par les belles amazones sur les rives des plaisirs de la chair. Les délices sensuels ont remplacé les douceurs gastronomiques depuis un moment déjà, lorsque Blisskiss se lève et prend congé de l'assistance. Sèzo rejoint ses compagnons au milieu de la mêlée des corps dont s'élèvent des murmures et des râles de jouissance consommée. Il observe longuement cette scène inhabituelle pour l'homme coutumier des traditions conventionnelles, s'interroge sur ses propres valeurs. Ces femmes se donnent à plusieurs hommes, sans vergogne, sous ses yeux étonnés.

Ses propres hommes semblent avoir perdu la mesure des réalités qui prévalent chez eux. Seul l'assouvissement des désirs primaires l'emporte ici sur l'art de la bienséance communément admis par d'innombrables peuplades. Qui, des amazones ou de ceux qui conçoivent des rapports fortement régulés entre hommes et femmes, ont vraiment raison ? Et puis, la raison à elle seule suffit-elle à expliquer ou à régir ce genre de choses ? Ces femmes sont-elles réellement plus heureuses que celles de son peuple ? Sèzo reste là, perplexe, ne sachant trop que faire. Plusieurs femmes s'approchent de lui et tentent de l'entraîner dans la folle danse au sein de laquelle plus personne ne s'appartient vraiment. Mais il s'écarte d'elles, prudemment, et s'éloigne prestement vers les quartiers réservés aux rescapés.

Houédassou n'a d'yeux que pour Ankora, la fille de Blisskiss, malgré les multiples sollicitations de ses consœurs. Ses amis comme lui viennent de vivre une aventure sexuelle hors du commun, satisfaisant leurs appétits personnels autant que ceux des superbes femmes-guerrières. Pourtant, le seul contact qu'il recherche avec avidité reste celui de la jeune femme dont le toucher de peau soyeux et l'odeur féline semblent l'avoir subjugué. Il s'arrange donc pour se trouver tout près d'elle et s'ingénie à vouloir la satisfaire en priorité. La jeune femme ne semble pas très sensible aux attentions renouvelées dont elle fait l'objet de la part du rescapé du Vangal, un homme robuste, à l'air avenant et à la corpulence athlétique. Sa superbe musculature attise la convoitise de nombre d'amazones et Houédassou n'a alors que l'embarras du choix. Pourtant, il semble avoir jeté son dévolu sur la fougueuse Ankora dont la beauté sauvage et le regard déroutant l'ont littéralement envoûté. Les ombres nuageuses jouent à cache-cache avec la lune. Leurs voiles cotonneux la nimbent d'une auréole mystérieuse, l'habillent d'un merveilleux manteau de volupté. Entre ciel et terre, tout reste à imaginer. Les impressions semblent n'exister, alors, que pour tout sublimer.

Houédassou, lui, ne voit plus qu'Ankora, la superbe fille de Blisskiss aux allures d'éternelle rebelle. Il ose une tentative un peu maladroite. Le regard froid de la princesse le tient aussitôt à distance. Le message est clair : c'est elle qui choisit ici, et non le contraire. Dépité, Houédassou se tourne vers d'autres filles moins farouches et se laisse faire, sans manière. Il cuve silencieusement son désarroi face à l'attitude blessante d'Ankora et tente de noyer sa peine dans les bras de ses fougueuses consœurs. Néanmoins, contre toute attente, la princesse s'approche de lui et lui tend le bras droit, l'aidant à se relever. Elle l'entraîne aussitôt vers une couche située un peu à l'écart et s'empare de lui, après l'y avoir couché, son regard bravache dangereusement rivé au sien, stupéfait. Cette fille est un monde à elle seule, ne peut-il s'empêcher de penser, tout en évitant de se perdre dans les profondeurs insondables de ses yeux ambrés aux reflets lumineux. Le feu rugit toujours au milieu de la place, et son puissant éclat embrasse tout, aux alentours, tandis que sa chaleur s'infiltre insidieusement dans les corps surchauffés par l'atmosphère déjà saturée en phéromones sexuelles. La nuit sera-t-elle assez longue pour lui permettre de profiter de ce moment extatique le plus longtemps possible, se demande-t-il encore, lorsqu'Ankora émet soudain un feulement stupéfiant. Telle une cavalière fougueuse tenant fermement la bride de son cheval, elle s'accroche aux épaules de l'homme sous elle étendu et libère enfin toute la tension, jusque-là contenue, en un seul cri de jouissance long, puissant et soudainement jaillissant.

L'aube naissante laisse planer une atmosphère fraîche et douce au-dessus de la cité. Un silence saisissant remplace les roulements de tambours et les notes lyriques qui ont envahi la place centrale tout au cours de la nuit. Seules les gardiennes du Knorylsea veillent à la sécurité des leurs, effectuant leurs rondes à un rythme régulier. Ici et là, quelques chauves-souris fendent l'espace dans un vol furtif, soucieuses de regagner leur repaire avant le lever du jour. Le soleil reste encore caché aux yeux des rares créatures éveillées en cette heure des plus matinales. Une amazone d'âge mûr sort néanmoins du palais. Elle traverse la place centrale d'un pas vif, tout en essayant d'éviter au passage les débris des coupes d'argile brisées et autres restes du festin récent gisant encore au sol. Un moment plus tard, elle toque au battant de la porte en bois de la maisonnée attribuée aux hommes du Vangal. Sèzo, se réveille presque aussitôt, tandis que ses camarades dorment à poings fermés, épuisés par leurs exploits sexuels de la nuit... Il s'empare du grand pagne qui lui sert de drap, s'en entoure les hanches et va ouvrir, les yeux encore embués de sommeil.

- Suivez-moi, la reine vous attend, lui annonce la guerrière, d'un ton bref.
- À cette heure-ci ? s'enquiert Sèzo, stupéfait.
- Ce sont les ordres, homme ! lui répond sèchement l'amazone.
- Bien, laissez-nous le temps de nous préparer et nous vous suivrons.
- Non, vous seul venez !
- Un instant, j'arrive, lui répond-il en refermant la porte derrière lui.

Sèzo enfile rapidement sa camisole en lin, l'un des pantalons échappés aux ravages du naufrage, qu'il prend soin de ménager, ses sandales en cuir, puis il rejoint la femme qui l'attend toujours sur le pas de la porte.

- Eh bien, allons-y, lui dit-il, en l'invitant à lui montrer le chemin.

L'amazone le conduit à travers les ruelles et les rues du Knorylsea, sans prendre la direction du palais. Bientôt, ils débouchent sur un sentier abrupt qu'ils montent, en évitant de trébucher. Les insectes, déjà à l'œuvre pour dénicher quelques proies juteuses, s'écartent promptement de leur chemin. Une fourmi noire accrochée à la pointe de la feuille d'un caducée profite de l'opportunité et saute sur la jambe gauche de Sèzo. Avant qu'il ne se rende compte de sa présence, elle plante ses fines mandibules, naturellement acérées, dans sa chair et se hâte d'en sucer le sang avec avidité. Sa morsure soudaine surprend vivement le chef des rescapés. Sèzo applique instinctivement sa main droite à l'endroit meurtri, écrase la fourmi qui y laisse un crochet noir, à peine visible, puis la jette à terre, d'un geste de dégoût, tout en poursuivant sa route. Accélérant tout de même la cadence, il suit l'amazone à pas vifs, tout en évitant de raser de trop près la frange herbeuse du chemin. Son souffle est régulier et il prend soin de prendre de grandes inspirations d'air frais, par intermittence, ne voulant en aucun cas donner l'impression de peiner derrière l'amazone qui se meut toujours de façon rapide et sûre. Ils parviennent au faîte d'un vaste promontoire surplombant l'océan, un moment plus tard. Tout en promenant son regard sur l'espace s'ouvrant devant lui, Sèzo aperçoit Blisskiss assise sur le rebord du plateau, simplement vêtue d'une courte tunique bleue, de sandales beige et d'un bracelet en argent ciselé, scintillant à son poignet gauche. Une large étole, balayée par le vent, recouvre largement son torse. Elle se tient là, le regard perdu vers l'horizon, et ne semble pas consciente de leur présence. Pourtant, avant même que Sèzo ait fini de l'observer, sa voix s'élève et s'adresse à lui, sans qu'elle ne se retourne :

- Approche, viens t'asseoir près de moi, là, lui intime-t-elle en lui indiquant la place vide à sa droite. L'homme avance vers la reine, tandis que l'amazone qui l'a conduit à elle s'éloigne déjà par le même chemin qu'ils viennent d'emprunter.

- Déjà debout, reine Blisskiss ? Que ce jour nouveau te soit profitable, la salue-t-il d'un air aimable, tout en s'installant auprès d'elle, à même le sol.

- Merci, chef du Vangal, à toi autant. Tu te demandes sûrement pourquoi je t'ai fait conduire ici à une heure aussi matinale ?

- Oui, reine. Que me vaut cet honneur ?

- Je veux te montrer quelque chose.

- De quoi s'agit-il ? s'enquiert aussitôt l'homme, curieux de savoir ce qu'elle lui réserve en pareille heure.

- La vie est une chose étrange qui nous dépasse tous, animaux comme êtres humains. Elle se cherche toujours, simplement, un chemin, lui affirme-t-elle d'une voix mélodieuse et suave, tout en lui accordant un premier regard empli de mystère.

Blisskiss détourne son visage de celui qui est assis à côté d'elle et lui dit en désignant du doigt une direction lointaine, au large, et ajoute :

- Regarde, écoute...

Le ciel vacille encore entre la nuit et le jour. Les nuées se bousculent harmonieusement dans les étendues supérieures au-dessus de leurs têtes, lessivant l'espace, laissant derrière elles un ciel d'un bleu limpide. Le soleil semble se faire désirer et seule la clarté diffuse de l'aurore, qui voile toujours partiellement les choses environnantes, laisse deviner son imminente entrée. Au loin, les vagues s'animent et se pourchassent, les unes les autres, jusqu'à venir se fracasser sur les rochers, en bas de leurs pieds. Les ondes ainsi charriées, frôlées ou excitées par le vent, capricieux, émettent alors un chant mystérieux et saisissant. Au contact de l'élément liquide, qu'il ramène vers la terre, le souffle aérien s'ingénie en toute majesté et leur offre, en substance, une sublime mélodie dont ils s'imprègnent en silence. Sèzo s'interroge de plus en plus sur ce qu'il est sensé voir, à mesure que le temps passe et que l'horizon se clarifie. Les premiers rayons du globe solaire scintillent à présent avec une intensité remarquable. Déployant une énergie phénoménale, sûrement nécessaire pour disperser les ténèbres et ramener le monde à la pleine lumière, ils inondent l'espace d'une chaleur bienfaisante, réchauffant progressivement l'air sur de grandes distances. Les yeux du chef des rescapés se nourrissent de ce spectacle merveilleux, auprès de la belle Blisskiss, sans pouvoir s'en rassasier. Il ne s'attend plus à rien de particulier lorsque, soudain, des mouvements rapides prennent forme au large et attirent son attention. À une distance estimable à une dizaine de jets de pierre, environ, un mouvement de masse se fait sentir sous l'eau. Des roulements de vagues impressionnantes accompagnent ce phénomène. Sèzo focalise instantanément son regard sur cet ensemble mouvant. Bientôt, il constate que ce sont des éléphants de mer qui avancent par centaines, en direction des côtes. De temps à autre, l'un d'eux émerge des profondeurs en un saut superbe avant de rejoindre les siens dans leur migration saisonnière. La reine et le rescapé observent les géants marins dans leur belle mouvance, sans prononcer un seul mot. Sèzo s'en réjouit, au comble de la surprise. Des hérons surviennent peu de temps après et survolent joyeusement les mastodontes dont ils se nourriront des parasites accessibles à la surface de la peau, une fois ceux-ci à terre. Le soleil a fini de chasser les ombres. Il règne à présent en maître absolu par-delà l'immensité céleste. Soudain, la reine fait un signe de la main à Sèzo et lui montre du doigt un point situé sur leur gauche. Un autre mouvement tout aussi remarquable y a cours. Toutefois, il semble converger vers le premier à une vitesse sidérante. Un instant plus tard, la mer se trouble et s'agite au point de rencontre de ces deux ensembles mouvants. L'eau bouillonne puis se teint largement de rouge, signalant qu'un drame effroyable se joue ici. D'immenses masses blanches aux dents acérées surgissent de l'eau, par moments, en des bonds prodigieux, puis elles s'abattent subitement sur leurs proies, dans une violence stupéfiante. Le chef du Vangal réalise enfin qu'il s'agit d'une attaque des éléphants des mers par des requins blancs. Dans une formidable poussée, ceux-ci s'acharnent sur les éléments les plus exposés sur le flanc droit de la cohorte, loin du centre où d'autres sont davantage à l'abri. Sous l'effet de la surprise, les redoutables pinnipèdes n'ont même pas le temps de contre-attaquer leurs assaillants. Ils ne songent plus qu'à rejoindre la berge sains et saufs, et seul le sauve-qui-peut prédomine dès lors, au milieu de la prodigieuse panique semée par leurs prédateurs, toujours actifs.

Les premiers migrants commencent à se hisser sur la côte, à une centaine de mètres environ de l'observatoire où sont perchés Sèzo et la reine, lorsque Bliss-kiss prend à nouveau la parole :

- Homme du Vangal, vois-tu, la vie à ce stade, ce n'est que ça... une question de survie ! Un monstre en attaque un autre, sans se soucier ni de son passé ni de son avenir. L'homme, lui, agit de même dans une perspective toute égocentrique. Une seule chose le motive alors sur cette lancée folle : le désir du pouvoir. Or, nous, femelles de cette espèce étrange qu'on appelle humaine, nous en avons plus qu'assez de payer un lourd tribut à chacune des dérives de ses mâles. Condamne notre organisation et nos traditions tant que tu le voudras, mais n'oublie pas que nous sommes des survivantes qui se sont délibérément soustraites à vos iniques et dures lois.

Sèzo, loin de s'attendre à un tel réquisitoire, en reste sans voix. L'amazone en chef ne lui a donc fait voir tout ceci, que pour mieux lui intimer de rester en dehors des affaires de l'île...finit-il par comprendre.

- Ces animaux se battent pour leur survie, tandis que l'homme, lui, déploie souvent une violence inutile et toute aussi phénoménale à l'encontre de ses semblables. Ceux de ta condition ne songent, pour la plupart, qu'à assouvir leurs désirs bestiaux, en asservissant la femme à leurs ruts, outre le fait qu'ils les astreignent aux corvées les plus basses. Nous, amazones, refusons tout simplement cet état de choses. Nous aspirons à une forme de société plus juste et plus noble. Notre communauté ne repose pas sur un principe d'asservissement vil et bas, mais sur une structuration intelligente qui vise à bannir, pour tous, les souffrances inutiles.

Émergeant enfin de l'état d'ébahissement dans lequel l'a plongé la première remarque de la souveraine, Sèzo rassemble ses esprits et revient tout à fait lui.

- Reine Blisskiss, je comprends votre amertume et je ne cherche nullement à dénigrer vos us et coutumes.

- Bien entendu. Toutefois, je tiens à clarifier les choses, sachant à quel point les hommes ont tendance à se sentir rabaissés par un groupe de femmes qui ne leur reconnaissent aucune autorité.

- Vous nous avez secourus et aimablement accueillis. Nous vous en sommes profondément reconnaissants, croyez-moi..., articule péniblement le chef des rescapés, qui se sent alors fortement incriminé.

- Bien, dans ce cas, tout est dit et nous sommes d'accord. Vous demeurez nos invités, en attendant votre retour chez vous ! ponctue Blisskiss, tout en pénétrant Sèzo d'un regard perçant à travers lequel brille néanmoins une sourde menace.

L'homme n'en revient pas de l'incroyable aplomb dont fait preuve cette femme, assise si près de lui, au bord de ce gouffre vertigineux. Il ne peut s'empêcher de se dire que sans sa garde rapprochée pour la protéger, elle prend tout de même le risque de se retrouver seule en compagnie du parfait inconnu qu'il est, en cet endroit des plus dangereux, sans paraître s'en soucier le moins du monde. Profitant de l'occasion, un autre que lui aurait pu tenter de la faire basculer dans le vide, en se fondant sur son hypothétique incapacité à se défendre au vu de sa corpulence loin d'être massive. Le chef des rescapés se rappelle néanmoins des quelques rares fois où il fut en sa présence et des exploits dont il la sait assurément capable. Il en vient inévitablement à la conclusion que, décidément, cette femme en valait bien dix, selon toute vraisemblance. Se détournant de lui, enfin, Blisskiss prend appui sur la plaque rocheuse à l'aide de ses mains, bascule sur le côté inoccupé à sa gauche, se dresse de tout son haut, aussi souple qu'un félin, lui lance un dernier regard d'un air entendu, puis elle s'éloigne de lui d'un pas lest et majestueux.

Les vagues redoublent de violence, soudain, et s'abattent avec une force démente contre le flanc de la structure rocheuse, qui s'étend à plus d'une centaine de coudées, le long de la berge. L'homme, resté seul à l'abri de leur assaut, en frissonne. Son regard va et vient, du carnage

qui semble s'éterniser au milieu des flots
aux gerbes monumentales qui s'élèvent
juste au-dessous de ses pieds. Il se lève
alors et s'en va, mû par l'étrange senti-
ment qu'il est grand temps pour lui de
quitter ce lieu étrange.

« Belle Ankora, ailleurs qu'ici, tu serais déjà reine, tant beauté et majesté te siéent à merveille ! », murmure tendrement Houédassou à l'oreille de la jeune amazone.

La jeune femme se tourne vers l'homme, allongé à même le sable, à ses côtés, sur la plage. Elle plonge dans les siens ses yeux qui semblent vouloir lire jusqu'aux tréfonds de son être, l'espace d'un instant, puis elle dirige à nouveau son beau regard par-dessus l'immensité mouvante. Quelques pas plus loin, un vent brutal emporte les vagues dans un étrange ballet, à un rythme déconcertant. Chorégraphe capricieux, il inspire des mouvements incontrôlables aux roulis, qui se muent parfois en montagnes aux contours vallonnés ou en monstres fantasques prêts à fondre sur leurs proies préférées. Le soleil brille pourtant bien haut dans le ciel et, sur terre, le souffle tempétueux ne semble guère inquiéter les êtres, outre mesure.

- Brave Houédassou, la majesté ne sied véritablement qu'à ceux qui osent élever la vie au-dessus de tout le reste, telle est notre croyance, affirme la fille de Blisskiss d'une voix claire et sûre.

- Belle croyance, je le reconnais. Néanmoins, permets-moi de t'avouer qu'en mon cœur tu es déjà et tu resteras, à jamais, l'unique reine.

- Très aimables, ces mots charmants, très touchants ! Sache pourtant ceci. Nous, amazones, avons horreur de la flatterie. Elle ne sert qu'à affaiblir les sens, pour mieux ouvrir l'esprit à toutes sortes de vices.

- Loin de moi l'idée de vouloir t'égarer avec des propos mielleux. Je n'ai parlé comme je viens de le faire que mû par une profonde et sincère affection pour toi, belle amazone, déclare l'homme, tout en se glissant amoureusement aux pieds d'Ankora. Il délace alors doucement ses sandales, embrasse chacun de ses orteils, puis la naissance de ses pieds, à la base des chevilles, en signe d'allégeance. La jeune femme s'en émeut, malgré sa volonté de rester prudente, en observant une certaine distance. Le frisson qui parcourt tout son corps au contact des lèvres douces et fermes du rescapé du Vangal n'échappe pas à ce dernier. Il en conclut naturellement qu'il a probablement quelque chance de séduire tout à fait la fille de Blisskiss.

- Assez ! lui enjoint-elle, néanmoins, tandis qu'il essaye de s'aventurer plus loin.

Houédassou interrompt aussitôt cette initiative aussi audacieuse que risquée. Il revient s'installer auprès d'Ankora et l'observe à présent d'un air triste, tel un piteux animal de compagnie que l'on vient de réprimander.

- Comprends bien que je ne suis pas libre de faire comme bon me semble, brave Houédassou. Je suis libre, certes, mais je me dois de me conformer aux règles qui prévalent dans mon royaume, ayant prêté allégeance à l'ordre qui y est établi. Je te trouve à mon goût, certes, mais je ne puis m'attacher à un homme. Cela est contraire à nos traditions.

Derrière l'un des grands cocotiers bordant la rive, un mouvement à peine perceptible révèle la présence discrète de l'une des espionnes de Blisskiss. Mais ni Ankora, ni l'homme ne semblent s'en être rendu compte.

- Pourtant, partout ailleurs qu'ici, il est plutôt habituel de voir l'homme s'unir à la femme de façon durable. Il paraît même que chez certains peuples, et c'est la règle, l'homme n'a droit qu'à une seule épouse, et réciproquement.

- Si ce que tu dis est vrai, il s'agit alors sûrement de cas isolés. Ceux de ta condition sont trop gourmands et trop imbus de leurs personnes pour se contenter d'une seule femme, en règle générale, non ?

- Effectivement, l'homme est souvent libre de prendre plusieurs épouses chez un grand nombre de populations. Mais, contrairement à l'usage largement répandu, vous amazones, vous n'hésitez pas non plus à jouir de rapports sexuels au cours desquels plusieurs hommes sont invités à satisfaire une seule femme... ! oppose l'homme du Vangal à Ankora, d'un air dépité.

- C'est notre droit absolu de disposer de notre personne comme bon nous semble. Nous nous sommes affranchies de la domination des hommes pour être libres à tout point de vue, homme du Vangal, lui réplique, sans détour la princesse, d'une voix incisive et sans appel.

- Être libre, est-ce se donner à plusieurs hommes, sans retenue aucune ? s'enquiert à nouveau le rescapé avec une pointe de jalousie dans la voix.

- Nous n'appartenons à personne, vois-tu ? Et nous n'avons non plus de comptes à rendre à quiconque... !

- Je comprends bien. Seulement, je t'aime tant que l'idée de t'imaginer

avec un autre m'est totalement insupportable. Comprends-tu cela ?

- Non, je ne peux pas et je ne
veux pas le comprendre... ! s'insurge
aussitôt la jeune femme avant d'ajouter :

- Vous, hommes, vous ne pensez
qu'à posséder. Ici, nous sommes libres
d'exister comme bon nous semble. Il
nous arrive de nous attacher à une
personne particulière, au sein de
notre communauté, mais jamais nous
n'en revendiquons l'exclusivité.

- Et, êtes-vous heureuses ainsi ?

- À ton avis, le sommes-nous ?

- Je ne saurais le dire. Je ne
trouve aucune d'entre vous malheureuse. Pour autant, pourrais-je prétendre qu'il n'en est rien ? Je pense,
pour ma part, que deux êtres qui s'ai-
ment doivent se consacrer l'un à
l'autre sur le plan intime, sans chercher à se disperser continuellement.
Autrement l'affection qu'ils se portent
mutuellement risquerait d'en être di-
minuée.

- Vous parlez en homme, mon
ami. Une affection sincère ne saurait

souffrir de jalousie, puisqu'elle conserve, entière, l'estime de l'autre, quoi qu'il advienne. La possessivité et la jalousie, quant à eux, engendrent l'agressivité et la volonté de dominer l'autre, choses que nous déplorons ici.

- Votre parole est juste, mais le cœur de l'être humain est faible et, ne pas en tenir compte, c'est exclure une grande part de notre nature première.

- Bien entendu, nous prenons en considération les pulsions qui régissent la nature humaine. Simplement, nous refusons d'y laisser libre cours, si elles entravent notre liberté d'être.

- Être libre, est-ce plus important à tes yeux que d'aimer et de l'être en retour ?

- Si aimer signifie que je doive renoncer à ma liberté d'être, oui, homme du Vangal.

Houédassou se tait, un instant, et réfléchit. Il lui faut absolument trouver le moyen d'infléchir la volonté de la fille de la reine à vouloir rester fidèle à ses propres valeurs. L'amour n'est-il pas supérieur à toute autre valeur et ne mérite-t-il pas qu'on lui sacrifie tout le reste ? se demande-t-il encore, tandis qu'Ankora

se lève déjà et l'invite à la suivre en direction de la cité.

Cela fait déjà plusieurs jours que l'étranger suit l'intendant en second du quartier des serfs. Il s'agit de Kanun, l'homme qui relaie et qui s'assure de la bonne exécution des instructions de l'amazone responsable de l'intendance. Il s'est aperçu que celui-ci se rend seul, dès que possible, dans l'une des grottes ancrée dans l'amas rocheux situé à la lisière de la plage. En réalité, le serf profite de l'un des moments où il doit se reposer pour s'isoler un peu. Bien loin de s'imaginer qu'un autre que lui est au courant de son grand secret, il prend ses aises, comme à l'accoutumée. L'homme déploie la natte qu'il vient de retirer de l'une des anfractuosités rocheuses émergeant naturellement de la paroi de la caverne et la déplie au sol. Puis il délace ses sandales, les laisse de côté et s'allonge sur le flanc, après avoir tiré pipe et tabatière de la seule poche du vêtement, semblable à un sarouel, qui lui recouvre le bas du corps. L'homme bat un montant rocheux avec un objet métallique et recueille du feu dans sa pipe, dès lors qu'une étincelle plus vive que les précédentes embrase les feuilles émiettées et concassées qui s'y trouvent.

Le serf tire une longue bouffée, l'apprécie lentement avec une vive intensité puis, levant la tête vers le plafond rocheux, il en libère progressivement la fumée, qui s'élance vers les hauteurs dans une danse toute joyeuse. Les volutes de fumée ondulent et occupent l'espace pendant un moment, créant un spectacle inédit qui semble ravir l'unique occupant des lieux. Le serf se détend tout à fait et savoure de tout son être cette sensation de plénitude et de liberté dérobée au sort, lorsqu'un visage inattendu obstrue subitement la lumière du jour et le fait sursauter. Le serf se replie aussitôt sur lui-même, craignant les représailles qui ne manqueront pas de suivre, si l'homme s'avise de le dénoncer.

« Hé, je ne suis pas ton ennemi. Tu n'as rien à craindre de moi. », lui explique alors l'arrivant, tout en avançant dans sa direction, à pas feutrés. L'homme prend place sur la natte, de façon à faire face à son occupant premier, qu'il observe pendant un bref instant, avant de s'exprimer à nouveau.

- Tu es l'un des rares serfs à commander ceux de ta condition, n'est-ce pas ?

- Commander n'est pas de notre ressort. Nous ne faisons qu'obéir aux ordres.

- Il n'empêche que toi, tu n'hésites pas à t'en passer des ordres, quand cela t'arrange, à ce que je vois ! relève le nouvel arrivant avec une pointe d'ironie.

À ces mots, l'homme blêmit et frémit instantanément de toute sa personne. Les ennuis ne sont pas loin de pleuvoir sur sa pauvre tête de serf, ne peut-il s'empêcher de penser, au fond de lui.

- Je ne fais rien de mal à personne. Je ne me suis retiré ici que pour être tranquille, un moment.

- Certes, tu ne fais rien de mal, selon moi. Mais tes maîtresses ne risquent pas d'être du même avis que toi et moi, mon ami.

Le serf ne pipe plus mot. Il fixe le sol désespérément, à présent, et attend que se scelle son sort, ne pouvant guère espérer mieux de la part d'un inconnu dont il ignore visiblement les intentions.

- Sois rassuré, lui répète l'autre. Comme je te l'ai déjà dit, je ne suis pas contre toi, bien au contraire. À l'évidence, tu représentes l'un des membres les plus intelligents de cette caste d'hommes à la botte des amazones. En cela, tu m'intéresses fortement.

- Je ne pense pas être si intelligent que ça. Autrement, je n'aurais pas commis la bêtise de désobéir et de me faire surprendre de la sorte ici, rétorque enfin le serf, avec un aplomb imprévisible.

- Bien au contraire, mon ami ! Sache-le, seuls les braves ont la capacité de désobéir aux ordres qui leur semblent iniques. J'estime que tout être humain doit pouvoir jouir de sa liberté d'action et de mouvement, sans avoir de compte à rendre aux autres à cet égard. Tu vois, je suis bien de ton côté, insiste-t-il encore.

Le serf lève finalement la tête et ose enfin dévisager celui qui vient de faire irruption dans son espace privilégié, en le mettant dans un terrible embarras, et qui prétend maintenant être son ami.

- Un ami, dites-vous ? Et qu'attend de moi en réalité, mon nouvel ami ? l'interroge Kanun d'un air méfiant, prouvant par la même occasion qu'il est loin d'être dupe.

- Rien. Je n'attends absolument rien de toi. Tu dois plutôt te demander ce que moi, je peux faire pour toi. Car, n'est-ce pas là le véritable rôle d'un ami ?

- Hum hum... et que pouvez-vous donc faire pour moi, mon ami ?

- Beaucoup ! bien plus que tu ne peux te l'imaginer.

- Je vous écoute, mon ami, je suis toute ouïe, concède le serf, curieux de savoir où souhaite en venir l'étranger, en fin de compte.

- Vois-tu, l'existence que vous font mener les amazones est loin de celle d'une vie décente. Dans la nature, même les bêtes sont libres d'aller et de venir à leur guise, tu en conviens ?

- C'est juste pour ce qui est des bêtes, mais nous ne sommes pas dans la nature... !

- Certes pas. Pourtant, quel que soit l'endroit où l'on se trouve sur terre, aucun être humain ne devrait être asservi à un autre !

- Voudriez-vous me faire croire que là d'où vous venez, nul n'est esclave d'un autre ?

- Non pas. Cependant, les hommes n'y sont pas systématiquement dominés par femmes et seuls les captifs de guerre et les personnes déchues de leurs droits sociaux se retrouvent ainsi abaissées. Ici, vous naissez et vous mourrez asservis, et c'est terriblement injuste.

- Si vous le dites. En attendant, nous ne sommes pas si malheureux que vous semblez le croire. Voyez, nous ne manquons de rien et nous ne

souffrons d'aucun mauvais traitement. Cela suffit amplement à notre
existence.

- Dois-je comprendre que ni toi
ni aucun des tiens n'ayez jamais rêvé
de liberté ? Être libre d'agir en toute
circonstance, pouvoir choisir sa
femme, élever ses enfants, s'assurer
une position sociale enviable, voyager
où bon nous semble, quand bon nous
semble, ce sont autant de choses que
ne renierait aucun homme digne de ce
nom, pour rien au monde ! lui soutient l'intrus.

- Un homme digne de ce nom,
dites-vous, et vous avez bien raison.
Mais nous, les serfs du Knoryl, nous
sommes de ceux qui ne courent après
aucune prétendue dignité. J'ai parti-
cipé à plusieurs escapades rituelles
avec mes maitresses. Je me suis donc
rendu sur des terres lointaines et j'y ai
vu nombre de choses bien pires que ce
que vous nous reprochez. Vous nous
prenez pour des sous-hommes, mais
vous avez tort. L'homme, qu'il soit d'ici
ou d'ailleurs, dépend toujours d'un
autre, d'une façon ou d'une autre. Ici,
nous ne sommes pas aussi libres que

vous autres, certes. Néanmoins, nous ne sommes pas plus malheureux que le grand nombre de ceux qui se targuent d'être libres, tout en étant asservis aux pires tyrans qui soient. À présent, si vous voulez bien m'excuser, mon ami, je dois aller vaquer à mes occupations avant que mon absence ne soit remarquée, achève Kanun en lançant un regard appuyé et entendu à l'homme qui vient de se déclarer comme étant son allié.

- Oui, bien sûr ! Tu es libre d'agir comme tu l'entends, je te l'ai déjà dit. Je ne trahirai pas ton secret, tu peux en être sûr. Seulement, j'espère pouvoir poursuivre cette conversation avec toi un autre jour.

- Moi pas, mais si vous insistez... ! répond le serf, tout en se levant. Il attend que l'étranger en fasse autant, puis il replie sa natte et la remet en place, d'un geste nerveux.

Kanun sort la tête de la grotte, la tourne méticuleusement à gauche, puis à droite, sort enfin de sa cachette et se dirige rapidement vers la cité, par un chemin dérobé. L'étranger patiente encore un peu dans la grotte, puis il fait de

même, environ un quart d'heure plus
tard.

Une brise légère souffle au large, chemine sur la crête veloutée des vagues avant de venir effleurer tout ce qui se trouve là, à terre. Blisskiss frémit légèrement et se réjouit, au contact du doux vent qui lui confie en secret l'approche de son divin amant. Les voiles légers qui la recouvrent jusqu'aux pieds s'envolent par moments, tournoient et dansent librement autour d'elle, spectacle vivant, sans nul autre témoin que la reine.

Elle murmure une chanson aux paroles si douces, que l'océan lui-même en frissonne de plaisir. Sa voix mélodieuse et suave se mêle joyeusement aux doux soupirs du vent du soir, ondule et vibre dans le vaste espace, puis se laisse emporter aux confins de l'univers, sur les ailes du zéphyr, qui semble avoir accouru uniquement pour l'entendre chanter. Tout en trompant l'attente ainsi, cette femme hors du commun se met mentalement en condition pour la rencontre de celui qu'elle espère.

Blisskiss reçoit Jakul, comme souvent, sur la plage, en contrebas de la caverne dédiée à son divin époux et où il est adoré, depuis le pacte conclu avec Laskyl, l'amazone première du royaume du Knoryl.

Elle s'est apprêtée avec bien plus de soin qu'auparavant. Son corps beau et souple reluit d'un doux éclat sous l'effet des massages successifs qui aident à faire pénétrer en profondeur les baumes aux huiles essentielles utiles à ses soins. Sa longue chevelure brune est parsemée par endroits de fines tresses qui rehaussent de façon admirable son visage aux traits fins, plutôt réguliers.

Puis, les flots se mettent à mugir et à enfler, au loin, avec vigueur. Quelques mouettes, surprises par ce phénomène étrange, s'éloignent vivement des rives à tire d'ailes. Le vent s'emballe soudainement, un peu plus, accompagnant le puissant mouvement qui vient de prendre naissance dans les profondeurs de la mer. Un courant rapide, d'une force inhabituelle, se précipite vers la berge et semble courir en direction du lieu où se tient la souveraine des amazones. Un instant plus tard, une coquille géante, portée par un roulis formidable, se pose sur la plage, à quelques pas de la reine. Une volée de sable s'éparpille tout autour de l'endroit où elle vient d'atterrir. Ses deux lèvres s'entrouvrent grandement, sans bruit. Jakul émerge aussitôt de son vaisseau de nacre dans sa forme la plus dépouillée. Son être diaphane se glisse sur le sol avec élégance et il se dirige aussitôt vers son épouse, avec élégance.

Dès qu'il s'approche d'elle, son esprit s'emplit d'une plénitude toute particulière. Décidément, cette reine à moitié humaine sait l'émouvoir d'une façon singulière, comme nombre de celles qui l'ont précédée, ne peut-il s'empêcher de songer. Il apprécie avec jubilation sa beauté, sa grâce et cette façon bien à elle de se tenir campée debout, la tête légèrement penchée vers la droite. Un rayon de lune vient éclairer son profil ainsi offert, ravivant l'éclat mystérieux de son superbe visage. Un puissant désir s'empare irrésistiblement du dieu, tandis qu'il contemple toute la personne de la reine, rayonnante et si proche. Diverses teintes oscillant entre le bleu et le mauve parcourent son immense corps translucide, révélant la grande émotion dont il est alors transi. Ses néréides, bien que superbes, ne lui font certainement pas le même effet que ces filles de la terre qui lui sont toutes dévouées. Les océanides sont bien trop proches de sa propre espèce pour susciter en lui des émois aussi transcendants que ceux qu'il ressent en présence des amazones. C'est à une forme d'exotisme pure, inaccessible dans son monde, qu'il aspire en fusionnant avec elles. Auprès des humanoïdes, c'est la dimension intergalactique de l'amour, pour ainsi dire, qu'il expérimente, probablement. Il accélère l'allure et se retrouve bientôt en face de celle qui l'attend et qu'il espère également. L'amazone frémit de joie, instantanément, dès lors que son époux plonge son regard d'un bleu insondable au fond du sien qui s'embrase. Un torrent de désir s'empare de l'un comme de l'autre, presqu'au même moment, et ils communient en esprit, avant même de s'être touchés. Jakul perçoit alors chez sa maîtresse un trouble étrange, par-delà celui du désir. Elle sourit, essayant de masquer ce qui ne saurait être entre eux. Le dieu sait lire en chacune d'elle comme un mage auquel rien n'est inconnu. Pas de véritable secret donc, entre elles et lui. Blisskiss glisse ses mains, douces et fébriles, dans celles grandes et soyeuses de Jakul. Elle l'entraîne vers la tente qui a été dressée pour eux, en face de la caverne. Une couche superbe, recouverte de draps fins et blancs les y attend. La reine laisse le dieu prendre place sur le lit, puis elle s'empare de la cithare qui repose sur une natte disposée au sol et se met à en jouer. Les notes mélodieuses qui s'échappent de la lyre, à présent, ravissent le dieu des eaux, qui n'en éprouve que davantage l'envie de faire corps avec celle qui en joue si superbement. Elle caresse les cordes de sa cithare plus qu'elle ne les pince, en usant amoureusement, telle une magicienne qui comprend le langage des choses mystérieuses qui appartiennent au silence. Une musique envoûtante et sublime emplit avec grâce et force tout l'espace. La reine fait naître la musique, tout en se mouvant de façon langoureuse et captivante. Jakul, au plus fort du supplice, n'en pouvant plus d'attendre, étend une main agile qui s'étire jusqu'à Blisskiss et l'attire à lui, impatient. Son corps, doté de bien des pouvoirs, se révèle alors également extensible. La femme-guerrière se laisse faire et laisse choir au sol l'instrument de musique. Elle défait sa longue tunique d'un geste habile et le fait glisser à terre, avec adresse. Son corps rejoint enfin avec ardeur celui déjà dénudé de son époux et, sans un mot, leurs souffles s'entremêlent, tandis que leurs lèvres se savourent et que leurs mains explorent toutes les parcelles de peau se trouvant sur leur chemin. L'amazone, enfiévrée de désir, tremble sans pouvoir se contrôler au contact du dieu, qui vibre tout autant au sien. Peau contre peau, caresse pour caresse, plaisirs partagés d'être ainsi, tout l'un à l'autre, sans autre témoin que les éléments se délectant de la présence réjouissante de ces deux amants. Les vagues entament un ballet spectaculaire, comme pour mieux encenser ces ébats qui n'ont assurément rien d'ordinaire. Le vent s'associe à elles et produit une symphonie surréelle dont les notes s'offrent aux oreilles en douces sonorités aériennes et fabuleuses. Le ciel étoilé déploie son brillant manteau de plus belle et, là-haut, des milliers d'astres scintillent de concert pour honorer cet instant majestueux.

Blisskiss, au faîte de la jouissance, se raidit, subitement, et pousse un cri irrépressible, qui déchire l'espace de sa puissance suraiguë avant de se perdre au loin, emporté par la brise. Jakul la rejoint presqu'aussitôt, dans la transe transcendante par laquelle les êtres en fusion, quasi-totale, exaltent la vie dans toute sa beauté, dans toute sa puissance.

C'est l'apothéose ! Moment prodigieux qu'applaudissent la terre et les cieux dans leurs symboliques propres.

Un silence palpable cède bientôt au cri tonitruant que libère le dieu, noyant au passage le feulement extatique de sa compagne. L'univers tout entier semble retenir son souffle pour s'imprégner davantage de l'osmose sublime dans laquelle Blisskiss et Jakul se fondent ainsi en une indicible et rare majesté. Le géant marin retient tout contre le sien le corps palpitant de plaisir de son amazone bien-aimée, jusqu'à ce qu'ils s'apaisent l'un et l'autre.

La reine se dégage enfin, doucement, de l'étreinte vigoureuse de son époux, et frôle sa joue violacée de sa main d'amante exaltée et repue. Puis elle attire à elle le grand châle qui gît au sol avec sa tunique, s'en enveloppe et s'assied sur un petit rocher dont le socle, taillé en siège, accueille son élégante personne, pour l'heure, exténuée. Le dieu se redresse de tout son haut et lui fait face, une expression d'infinie tendresse dansant au fond de ses prunelles lumineuses. Il sent qu'elle souhaite s'adresser à lui à propos d'une chose qui la tourmente, tout en demeurant dans la retenue. Aussi, n'hésite-t-il pas à l'encourager de sa voix à la fois rauque et veloutée, semblable à celle produite par le fracas monumental d'une chute d'eau contre des parois rocheuses :

- Ma reine, qu'il y-a-t-il de si grave pour que je sente votre cœur ainsi troublé, malgré notre joie partagée ?

- Mon roi, mon dieu, je sens proche l'heure qui me verra m'éloigner de vous. Je vous en parle d'ores et déjà afin de pouvoir commencer à préparer celle de votre choix à prendre ma succession, le moment venu.

- Je suis navré d'apprendre cela. Je me suis tellement attaché à toi... Mais, toi et moi le savons bien, c'est mon lot de me séparer de mes terrestres épouses au fil du temps. Nos natures diffèrent tant du fait que je suis immortel et vous autres non. Cela me peine toujours, quand vient le moment fatidique de passer d'une reine à une autre, je te l'avoue.

- Je le sais bien, mon roi. Mon cœur saigne également, rien qu'à l'idée de ne plus pouvoir vous revoir en tant qu'épouse, d'ici peu. Toutefois, le poids de l'âge se fait déjà sentir et la vie trépidante qu'est la nôtre ne nous permet guère de nous contenter de paraître.

- Je reconnais là la bravoure et la clairvoyance des formidables amazones. Tes propos t'honorent et je suis fier de te compter parmi toutes celles qui ont su s'unir à moi avec constance et dévouement.

- Cela ne saurait être autrement, puisque ma décision engage également la sécurité autant que la pérennité de mon peuple. Ne pas tenir compte des faiblesses qui viennent avec l'âge serait faire preuve d'irresponsabilité. J'ai conscience de l'importance de ma charge et de toute l'exigence qu'elle requiert. C'est donc pour moi un véritable privilège que de l'honorer jusqu'au bout de façon appréciable et décente.

- Une chose est sûre et j'en atteste, les filles de la terre, et surtout celles de ta trempe, sont aussi vaillantes qu'elles sont intègres et douces. Je n'oublierai jamais les moments extraordinaires et exquis, partagés avec toi, Blisskiss, déclare Jakul, tout en plongeant ses magnifiques yeux, à présent chargés d'une lueur trouble dans ceux de l'amazone, non moins émue.

- Moi non plus, mon divin époux... je les regrette déjà, bien avant l'heure ! murmure la reine d'une voix douloureuse qu'étouffe l'émotion.

- Je prends acte de ton souhait, en espérant pouvoir jouir de ta douce et belle présence encore quelques temps !

- Le temps de mettre en route le processus de la sélection et de former ta prochaine épouse, mon roi.

- Cela nous laisse bien peu de temps jusqu'au prochain printemps !

- Oui, mon roi............ !

- Je désignerai ma future épouse, dès que tu le voudras, ma reine, lui assure Jakul, tout en l'embrassant avec une douceur insoupçonnable, de la part de ce colosse imposant, de nature surhumaine. Puis il l'enveloppe de ses bras soyeux et fermes, dans une étreinte inattendue, la serre tout contre lui, l'embrasse à nouveau et s'éclipse comme il est venu, dans son vaisseau marin. L'énorme coquille se referme sur le dieu, aussitôt qu'il s'y introduit, tournoie sur elle-même à vive allure, puis se glisse dans l'onde, telle une toupie à mobilité autonome.

Blisskiss reste là, seule, encore pendant un moment. Son regard survole la crête des vagues au milieu desquelles vient de disparaître Jakul. Elle repense tranquillement à son propre parcours, depuis qu'elle a été désignée reine des amazones, réalise qu'elle s'en est plutôt bien sortie, malgré tout. Un sourire lumineux étire joyeusement les recoins de sa bouche, exacerbant le charme indescriptible qui émane naturellement de sa splendide personne, tandis que son aigle vient se poser doucement sur son épaule. Le royal volatile la tire instantanément de sa douce rêverie, lui rappelant qu'il est déjà temps de rejoindre la cohorte des braves guerrières, qui l'attendent afin de poursuivre leur quête singulière. L'onde indomptée mugît encore un instant, puis elle s'apaise progressivement, à mesure que les pas de la reine la ramènent vers ses congénères.

Effectivement, chaque reine passe le relais à celle qui lui succèdera, dès lors

qu'elle ne se sent plus à même de soute-
nir sa charge de souveraine. Jakul se
manifeste alors pour choisir une nouvelle épouse. S'ensuit inévitablement le
passage du relais.

L'homme court rapidement, d'un pas joyeux, guidé par l'éclat du rire frais et cristallin qui le guide à travers les bois. Ce rire, il le reconnaîtrait n'importe où, entre mille. Aussi, accélère-t-il la cadence de ses foulées, à mesure que le désir de s'en enivrer grandit en lui et le pousse à se rapprocher des sons agréables qu'il en perçoit. Le chant cristallin des oiseaux accompagne en musique ce rire enchanteur, sublimant le charme qui, en l'homme, opère déjà, depuis qu'il a reconnu celle qui l'invite à la suivre en ces lieux situés à l'écart de la cité. Un doux chuintement à sa gauche annonce la proximité d'une rivière. Quelques enjambées plus loin, au détour d'un sentier, il se retrouve en face d'une mare, traversée par un mince filet d'eau, qui poursuit nonchalamment sa route en aval. Mais, devant lui, seuls des goyaviers, des palétuviers et un flamboyant majestueux occupent agréablement l'espace, bordant la cuvette naturelle d'eau. L'homme scrute les alentours des yeux, machinalement, à l'affût du moindre indice pouvant lui révéler la présence de celle qu'il souhaite retrouver avec hardiesse. Un mouvement furtif sur sa droite attire son attention, tandis qu'il se dirige vers le flamboyant. L'homme dévie aussitôt de sa trajectoire initiale et se rapproche de l'endroit d'où provient cette manifestation de vie. Une poule sauvage sort bruyamment du fourré avoisinant, tout en caquetant et s'éloigne, toutes ailes relevées, sans demander son reste, avant même que l'homme ne parvienne jusqu'à elle. Un rire moqueur éclate subitement de l'autre côté, le faisant vivement sursauter. Un brin froissé par la farce dont il vient d'être la risée, l'explorateur s'approche rapidement du flamboyant, à la recherche de celle qui se cache derrière son tronc immense. Une main douce et ferme empoigne la sienne, gauche, et l'entraîne à sa suite, dans une clairière dissimulée derrière un dense fourré. Là, sur un doux lit de feuillages, se trouve posée une corbeille en osier remplie de fruits, ainsi qu'une gourde de vin provenant d'un calebassier. L'invitation à la réjouissance qui vient de lui être faite, d'un geste évocateur de la main, est claire, mais l'homme hésite un instant avant de l'accepter et de s'asseoir à l'endroit proposé. Après tout, n'a-t-il pas été purement et simplement ignoré ces derniers temps par celle-là même qui lui a finalement donné rendez-vous dans cet antre végétal. Pourquoi, il l'ignore. Pourtant, une seule et vive espérance le taraude : celle d'être enfin reconnu par elle comme étant un partenaire privilégié. Il est encore plongé dans ses réflexions, lorsque la jeune femme lui touche le bras et l'invite à prendre la moitié du fruit du corossolier qu'elle vient d'ouvrir en deux à l'aide d'un couteau prévu à cet effet :

- Tiens, goûte ce fruit est le plus savoureux auquel j'aie jamais goûté. Je trouve qu'il est le roi des fruits à tout point de vue.

- Effectivement, il caresse le palais avec douceur par sa texture onctueuse et laiteuse et ravit les papilles grâce à sa douceur sucrée, légèrement acidulée. Ce fruit est tout simplement merveilleux, accorde l'homme à celle qui vient de lui faire découvrir cette denrée rare, tout en la dévorant, elle, des yeux.

- Merci belle Ankora pour ce doux présent. Cependant, aussi savoureux que soit ce fruit, le plaisir que j'ai d'être en ta présence le surpasse de loin.

- Je te remercie du compliment, homme du Vangal. N'oublie pas cependant que ceux de ma race sont peu sensibles aux flatteries.

- Je ne le sais que trop bien, mais il n'y a aucune flatterie dans mes propos. Seul le désir d'exprimer mes sentiments profonds et respectueux à ton égard m'inspire.

- Je t'ai écouté avec la plus grande attention sur cette histoire à propos des hommes qui ne se réservent que pour une seule épouse. Je trouve cela plutôt invraisemblable, étant donné l'énorme appétit sexuel dont font preuve souvent ceux du même sexe que toi, et du fait que ce sont eux qui détiennent le pouvoir de décision dans la plupart des communautés humaines.

- Tu as raison de t'en étonner. Pourtant, il paraît que depuis toujours ou presque, chez certaines peuplades qui sont aussi reconnues pour le fait qu'elles vouent un culte à un Dieu unique, l'homme ne prend chez lui, pour épouse, qu'une seule femme. Cette idée a du mal à percer partout pour les raisons dont tu viens de parler, mais moi je la trouve plutôt intéressante, surtout pour qui aime autant que je t'aime, princesse.

- Et en quoi est-ce intéressant pour un homme de renoncer à ses privilèges pour se contenter d'une seule épouse ?

- Quand on aime vraiment une femme, on doit pouvoir se consacrer à elle seule, sans éprouver le besoin de se disperser auprès d'autres. À trop vouloir être partout, on finit par se retrouver nulle part, en réalité. Je veux dire que personne ne peut décemment accorder une attention de qualité à plusieurs femmes auxquelles il est marié. La quantité l'emportera irrémédiablement sur la qualité, et les relations entre eux tous n'en seront plus que déplorables, au bout du compte.

- Je suis d'accord avec ce point de vue. Je précise, néanmoins, qu'il est surtout valable dans un contexte où prévaut la vie familiale sous sa forme la plus classique. Ici, nous ne nous soucions guère de vivre avec une personne déterminée, ni d'élever nous-mêmes nos enfants. Nos attaches ne revêtent pas un caractère figé, car nous sommes toutes sœurs, mères et filles. Aussi, recevons-nous et donnons de l'affection entre nous, sans restriction particulière, hormis celle liée à l'inceste. Nous échappons dès lors à ce schéma de pensées, ce qui nous permet par ailleurs d'évoluer vers l'excellence dans l'art de guerroyer.

- Ne ressens-tu donc jamais l'envie de vivre une vie simple et enrichissante auprès d'un être aimé ?

- Je suis aimée de toutes, ici, pourquoi vouloir me dévouer à un seul ?

- De toutes, sûrement pas sur le plan intime...si ?

- Non, certes pas. Néanmoins, je peux passer d'un lit à l'autre, avec grand plaisir, sans que cela ne gêne qui que ce soit.

- Tu veux dire que tu aimes vraiment vivre de la sorte, sans jamais t'engager auprès d'une personne en particulier ? l'interroge encore Houédassou d'une voix d'où perce nettement, à présent, une certaine souffrance.

Ankora détourne les yeux de ce visage supplicié qui semble véritablement à l'agonie, suite aux déclarations promptes et sincères qu'elle vient de lui faire. Elle reste silencieuse l'espace d'un instant, laisse son regard dériver sur le paysage féérique qui les entoure puis elle ramène enfin ses yeux fascinants sur lui, et lui parle d'une voix plus attendrie.

- Tu sais, pour nous autres, le fait d'appartenir à une seule personne ne veut rien dire. Pour autant, nous ne sommes pas des êtres insensibles. Je vois ton désarroi face à moi et, cela me désole véritablement, crois-moi.

Cependant, je ne voudrais pas te donner de faux espoirs. Je suis ainsi faite et je n'ai jamais rêvé d'être autrement, même si je te trouve plutôt séduisant et plus qu'intéressant comme partenaire.

Le visage de l'homme s'éclaire instantanément dès qu'il entend ces paroles encourageantes. Il n'ose pourtant pas relever la tête de suite. Houédassou s'empare d'une brindille à sa portée, balaie le sol d'un revers de main tout en écartant de façon délicate une fourmi qui y traîne et se met à tracer des lignes étranges. Ankora se penche en avant et l'observe, sans rien dire. Bientôt une image nettement reconnaissable émerge de l'ensemble et semble leur sourire. Le cœur de la jeune femme se met à battre la chamade, de façon irraisonnée, pour la première fois de sa vie. Face à elle, un visage resplendissant de beauté s'offre sans nulle fausseté. Il s'agit du sien. L'homme assis à côté d'elle vient de lui révéler une image d'elle qu'elle n'avait jamais perçue ainsi ni contemplée auparavant, que ce soit dans un miroir ou à la surface d'un plan d'eau clair. Il faut aimer énormément pour voir quelqu'un comme cela et être capable

d'en restituer l'image avec une telle sensi-
bilité, se dit-elle naturellement en son for
intérieur. Elle sent les larmes monter à
ses yeux et, avant même que l'homme ne
puisse la voir pleurer, elle se jette dans
ses bras et l'arrime au sol, recouvrant sa
bouche ferme et pleine de la sienne veloutée et douce, entourant doucement son
torse puissant de ses bras musclés et fins.

Déconcerté, mais heureux, Houédassou se laisse faire et entre rapidement
dans le doux ballet des corps, que seuls
savent entreprendre les êtres véritablement pétris d'une vive et belle ardeur.
S'appartenir l'un à l'autre prend tout son
sens en cet instant précis où rien ne dispose l'être à s'interroger, outre mesure,
sur le sens réel de ce qu'il vit alors, naturellement, en toute plénitude. Être pleinement de façon souveraine et exaltante, ici
et maintenant, dans la joie inaltérable qui
invite les amants intemporels à se fondre
l'un dans l'autre, et réciproquement, tel
est l'unique crédo que s'offrent enfin
l'étranger et l'amazone, sans un mot.

Blisskiss s'entretient avec l'amazone espionne qui suit continuellement sa fille Ankora, depuis que celle-ci a entrepris une relation suivie, plutôt inhabituelle pour une amazone, avec le bras-droit du chef des rescapés. Elle écoute attentivement ce que la jeune femme de petite taille et de corpulence mince et souple lui murmure à l'oreille. Le visage de la reine reste imperturbable, malgré la sourde inquiétude qui s'infiltre aussitôt en elle.

- Hushka, Honan souhaite vous parler, lui annonce alors l'une de ses suivantes, tandis que l'espionne s'écarte d'elle et reste à distance raisonnable, en attendant les ordres.

- Je la reçois dans un instant, déclare Blisskiss en se tournant vers l'espionne et en lui faisant signe d'approcher :

- Tu ne la lâches plus d'une semelle, compris ? Et tu ne rapporteras ce que tu sais qu'à moi seule, lui intime-t-elle à voix basse, avant de la libérer, dès lors qu'elle reçoit son consentement ponctué d'un signe de tête affirmatif et d'un regard entendu.

- Faites entrez Honan, je vous prie, demande-t-elle enfin aux filles qui attendent dans la salle du trône, dans l'hémicycle lui faisant face.

La doyenne entre d'un pas vif, se courbe aussitôt devant la reine en une révérence profonde et brève. Puis elle s'avance vers le trône et s'adresse à Blisskiss d'une voix toute cérémonieuse :

- Hushka, tu as ma pleine considération, toujours. Je viens t'entretenir des révélations de l'oracle, en vue de l'initiation des filles. Je reviens t'entretenir à propos du rêve dont tu m'as fait part dernièrement. Tes prémonitions sont justes. Selon les odes, la prochaine lunaison sera propice à la célébration du rite de passage.

Effectivement, quelques jours plus tôt, Blisskiss avait confié à la doyenne le contenu de l'un des rêves qu'elle venait de faire en relation avec l'initiation des filles, lui demandant de consulter l'oracle à ce propos.

- Disposons-nous d'assez de temps pour tout organiser, cela ne nous laisse guère qu'une vingtaine de jours, tout au plus ?

- Si nous mobilisons un nombre suffisant de personnes pour conduire à bien les épreuves, en vue de finaliser l'enseignement des filles pour l'initiation, cela est tout à fait possible, ma reine, lui assure la doyenne des prêtresses.

- Bien, dans ce cas, fais appel au nombre d'amazones qu'il te faudra, mais que la garde côtière et les forces dévouées à la sécurité de l'île restent en poste.

- Bien reçu ! Nous commencerons à agir en ce sens, dès aujourd'hui même, conformément à tes ordres. La cérémonie finale aura donc lieu à la prochaine pleine lune, soit dans dix-sept jours, à compter de ce jour.

- Qu'il en soit ainsi, lui accorde la reine, tout en la libérant d'un geste large et remerciant de la main droite.

- Hushka, les nouvelles en provenance de Hasgolan sont plutôt mauvaises, annonce Sica à Blisskiss peu de temps après le départ de Honan. Selon l'équipage du dernier navire venu nous approvisionner en vivres et en matériaux divers, le chef Hoz a été assassiné et sa famille décimée. Une bande de rebelles s'est emparée du pouvoir et fait régner confusion et désordre parmi le peuple depuis lors.

- Je pensais que les temps troubles mettraient un peu plus de temps avant de nous assaillir, mais il semblerait bien que non. Lors de notre dernière escapade en Hasgolan, j'avais déjà eu l'étrange pressentiment que ce serait peut-être le dernier accueil amical que nous allions recevoir de leur part. La rencontre avec cette femme haineuse, dès notre arrivée, ainsi que les propos détestables du vieil homme qui s'en est pris à notre guide, ne laissait présager de rien de fameux. La révolte couvait déjà.

- Oui, Hushka, dorénavant, nous n'avons plus d'alliés sûrs sur ces terres.

- Dans ce cas, nous pouvons nous attendre au pire. Les prochaines lunes nous éclaireront davantage sur les intentions de ces rebelles. Espérons qu'elles ne soient pas foncièrement belliqueuses à notre égard ! conclut la reine à ce sujet, avant que le débat ne porte sur d'autres préoccupations concernant la gestion du quotidien.

Honan vient de mobiliser une cin-
quantaine d'amazones expérimentées
dont des instructrices, des guerrières
avérées et des prêtresses, pour la sélection et la préparation des futures amazones au passage des rites initiatiques en
vigueur. Elle alloue une dizaine de capitaines à la gestion des épreuves élimina-
toires, dix autres à la préparation du rite
final et toutes les autres sont chargées
d'organiser les diverses étapes et cérémo-
nies qui conduiront à la célébration de la
consécration des filles au rang d'amazones.

Dès le lendemain, toutes les filles jugées aptes à participer aux épreuves en vigueur, et souhaitant le faire, sont regroupées autour des chefs. Elles sont au nombre de quatre-vingts. Quatre-vingts filles lourdement armées, souhaitant hardiment devenir des guerrières confirmées. Les capitaines leur expliquent calmement l'ordre de déroulement des épreuves :

« Avec nous, vous passerez par quatre étapes avant d'être présentées aux prêtresses pour la dernière. Inutile de nous suivre, si vous doutez déjà, de pouvoir venir à bout des difficultés qui vous attendent, ne serait-ce qu'un seul instant. La vie est le champ d'un éternel combat. L'oublier, c'est avoir déjà cédé le pas au trépas ! », leur annonce l'une des chefs, dans l'enclos de la caserne protégée par d'épaisses haies de bambou tressé.

- Dans un premier temps, nous testerons votre endurance, ensuite, ce seront vos aptitudes et vos capacités à manier les armes dans des conditions peu évidentes qui seront évaluées. Nous accorderons après cela une attention toute particulière à votre vaillance et, pour finir, à vos capacités à interagir en groupe, leur explique une autre.

- Vous l'aurez compris, notre domaine d'intervention est plutôt technique. Pour le reste, vous verrez plus tard avec les prêtresses et Honan, la responsable de l'organisation générale des évènements. qui conduira à votre possible initiation, à l'issue des épreuves, souligne la première des chefs à s'être adressée aux filles.

- À présent, debout ! Suivez-nous et montrez-vous dignes de vos prétentions. N'est pas amazone qui le souhaite seulement. Il faut le vouloir vraiment, et se consacrer corps et âme à le devenir, leur intime l'une des chefs qui se tenait un peu plus à l'écart, jusqu'alors, tout en se rapprochant du groupe. Elle vient de les observer méticuleusement, l'une après l'autre, tandis que ses consœurs s'exprimaient.

Les filles sont sur pied, dès lors qu'elles en reçoivent l'ordre et, dans une formation en rangs bien ordonnés, elles suivent leurs capitaines au pas cadencé.

L'une des capitaines entonne un chant de guerre, qu'elles reprennent spontanément en chœur, tout en cheminant.

Sans avoir mangé ni bu, au bout d'une longue marche ayant duré environ dix heures, elles parviennent enfin à l'orée d'une forêt dont l'accès est interdit aux novices et aux étrangers. Sur ordre de leurs supérieures, elles y pénètrent en silence et y poursuivent leur marche encore une bonne heure, jusqu'au cœur même du domaine végétal. Sans qu'elles ne puissent se reposer, elles sont aussitôt sommées de se frayer un chemin à travers la vaste étendue d'une broussaille épineuse. Elles s'empressent d'enrouler de fines cordelettes de lianes autour de leurs mains, avant de s'attaquer à cette besogne astreignante et périlleuse. Une écorchure au contact d'une plante vénéneuse pouvant s'avérer fatale, il faut pouvoir s'en préserver. Les filles s'organisent rapidement en groupes. À coups de sabres et de haches, certaines arrachent les tiges épineuses les plus résistantes, qui plient immanquablement devant elles. D'autres aplanissent le chemin ainsi libéré, tandis que leurs suivantes entassent l'herbage jeté sur le côté. Un autre groupe assemble et ficelle les épineux en des lots épais et commencent à construire la haie de protection du camp qu'elles occuperont ici, jusqu'à la fin de leur séjour. L'aube pointe déjà lorsqu'elles sont enfin autorisées à se reposer autour d'un grand feu, qu'elles viennent d'allumer, tandis que quelques-unes montent la garde.

Le lendemain matin, avant que le soleil n'entame sa course vers le zénith, elles sont déjà debout et prêtes à recevoir les ordres. Commencent alors les combats singuliers. Les filles luttent entre elles, deux par deux, à mains nues, jusqu'à ce que l'une d'elles avoue forfait. Puis elles se défient à l'arme blanche, tout en évitant de blesser leur concurrente. Pendant ce temps, celles qui étaient de garde se reposent. Elles rejoignent le groupe au moment des compétitions du tir-à-l'arc et à l'arbalète, y participent avec les autres. À la fin de ces épreuves, elles sont également soumises aux duels ayant eu lieu en leur absence.

Peu avant le crépuscule, trois groupes de cinq filles sont envoyés à la chasse au gibier. Certaines futures amazones montent des tentes avec l'herbage et le matériel végétal à leur portée. Elles coupent des branches de belles dimensions, en suppriment les brindilles, assemblent les tiges de façon à constituer une base solide sur laquelle elles disposent les bottes d'herbes utiles à la construction du toit. D'autres se chargent de réunir le nécessaire pour confectionner le repas du soir, ramenant de l'eau, de quoi faire du feu et récupérant des racines comestibles, qu'elles mettront à cuire sous la cendre brûlante, dès que le feu aura suffisamment pris. Les autres aiguisent la lame des armes qui nécessitent d'être affûtées, et n'hésitent pas à prêter main forte à leurs comparses, au besoin. Toutes s'activent, sans la moindre note de discorde.

Tandis que le soleil disparaît dans l'horizon rougeoyant, nimbé par un mélange de nuages aux couleurs de feu, sur un fond de ciel gris cendré, le premier groupe de chasseresses apparaît enfin, brandissant victorieusement un phacochère de belle taille. À peine ont-elles déposé à terre la bête transpercée au flanc par l'une de leurs flèches, qu'un deuxième groupe surgit avec une gazelle aux proportions plus qu'admirables, aux yeux éteints et au pelage magnifique. Le troisième groupe débarque un peu plus tard et rapporte un agouti, tandis que les filles dépècent activement le phacochère et la gazelle. La superbe robe de la gazelle a été enlevée, après une entaille effectuée à l'endroit approprié à cette opération. Elle est ensuite débarrassée des résidus de chair en adhérence, puis largement enduite de graisse, afin d'éviter qu'elle ne durcisse, en attendant d'être convenablement traitée.

C'est déjà l'heure du dîner. Sur des nattes sommaires étalées à même le sol, les filles reçoivent à tour de rôle des morceaux de viande provenant des bêtes qui cuisent encore, suspendues, au-dessus des braises. Les racines de tubercules qu'elles ont dénichées ici même et cuites sous les cendres chaudes leur sont également distribuées. L'une des chefs s'adressent aux filles, pendant qu'elles mangent en silence :

- Laquelle d'entre vous a tué cette gazelle ?

- C'est Zina, répondent les quatre autres filles du groupe ayant ramené ce gibier.

- Eh bien, Zina, la peau de la gazelle est à toi !

- Youhou ou............ S'écrient ensemble les filles, reconnaissant de façon enthousiaste le mérite de leur consœur.

- Ici, ce soir, s'achèvent vos souffrances pour cette première étape. Dès demain, vous nettoierez la place et mettrez tout en ordre, puis nous retournerons dans la cité rendre compte de vos résultats.

Un silence pesant plane soudain au-dessus des têtes, les filles ne sachant pas si ces mots recèlent ou non une menace les concernant personnellement. Toutefois, l'une des chefs prend la parole à son tour, après avoir obtenu du regard l'assentiment de celle qui vient de s'exprimer et leur dit :

- Les, filles, soyez sans crainte. Vous vous êtes toutes montrées braves, dignes et fortes et nous ne trouvons rien à opposer au fait que vous puissiez rejoindre nos rangs, bientôt, en tant qu'amazones. La seconde étape des épreuves est décisive, et c'est d'elle que dépend maintenant votre sort. À présent, mangez, reprenez des forces, car vous en aurez grand besoin au cours des heures qui viennent.

Sur ces paroles, elles abandonnent toutes leur repas, se lèvent et poussent de tonitruants cris de victoire, tout en dansant d'un air vigoureux, pendant un bref moment. Puis, elles remercient leurs chefs, se rasseyent et achèvent de manger, la joie des vainqueurs au cœur.

Pourtant, à l'aube, à l'heure du réveil, l'une des filles reste couchée au sol. Pendant son sommeil, un mamba noir s'est aventuré trop près du groupe, attiré par la lueur du feu, et s'est glissé dans l'une des tentes de fortune où elles se sont couchées, mordant la malheureuse au pied. Celle-ci a dû passer de vie à trépas, sans s'être réveillée, puisque nul ne l'a entendu crier ni gémir.

C'est donc avec ce deuil qui entache soudain la première victoire annoncée la veille que le groupe s'ébranle enfin, en direction du Knorylsea, chargé du transport du corps de la défunte. L'humeur générale n'est déjà plus à la fête. Chacune des novices prend véritablement conscience qu'en devenant guerrière, c'est également l'ombre invisible de la mort qu'elle adopte au quotidien. Ombre qui les suivra jusqu'au bout, à chaque pas, en chaque instant, tant qu'elles resteront fidèles à leurs vœux.

Un émissaire tout juste débarqué d'un navire marchand souhaite s'entretenir avec la reine Blisskiss. L'amazone en charge de la sécurité des rives le conduit auprès de Sica qui s'assure d'abord du bien-fondé de la demande, fait fouiller l'homme et le somme de la suivre dans la salle du trône où siège déjà la souveraine.

« Hushka, cet homme nous apporte des nouvelles d'Hasgolan et des iles voisines. Il souhaite te parler, personnellement. »

Blisskiss écoute sa conseillère d'une oreille attentive, et fait signe à l'étranger d'approcher. Celui-ci s'avance vers elle, s'arrête en bas des marches et se plie en une profonde révérence avant de monter sur l'esplanade où se trouve le trône de Blisskiss, entouré de deux autres sièges alors vides. Une fois en face de la reine, à seulement cinq pas du fauteuil en bois sculpté et aux superbes accoudoirs se prolongeant vers l'avant par des têtes de tigres, il s'incline à nouveau.

- Approche et dis-moi, à présent, ce qui t'amène à nous ! lui demande la reine d'une voix calme et pleine.

- Reine Blisskiss, le nouveau chef d'Hasgolan vient de déclarer la guerre à votre royaume. Il a déjà envoyé des messagers à ses alliés potentiels des îles voisines, afin de constituer une coalition contre le Knoryl. Pour l'instant, rien n'est encore établi. Mais, dorénavant, vous n'êtes plus les bienvenues en Hasgolan, déclare l'homme sur un ton grave, d'un air pénétré.

- Nous voici face à des nouvelles bien tristes, en effet. Toutefois, nous nous y attendions, étant donné la façon détestable dont ce nouveau guide a exécuté son prédécesseur et les siens en terre d'Hasgolan. Rien de bon ne vient jamais des traîtres. Mais, dîtes-moi donc, qui vous envoie ?

- Je viens vous porter ces informations de la part de Kulsa, l'un des cousins du défunt chef, qui a miraculeusement échappé au massacre, et qui fait à présent partie des quelques rares à entretenir une révolte contenue à l'égard du pouvoir en place.

- Kulsa ! Voici un nom dont les sons flattent agréablement mes oreilles. Un brave parmi les braves, donc. Dites-lui en retour que le royaume du Knoryl n'oublie pas ses engagements envers son peuple. Il aura de nos nouvelles sous peu ! Nous vous remercions pour votre dévouement.

- Vénérable reine Blisskiss, je n'ai fait que mon devoir, répond à nouveau l'étranger d'une voix respectueuse, d'où perce une émotion qu'il contient difficilement.

- Quel est ton nom, étranger ? s'enquiert encore la reine.

- On m'appelle Ganny

- Eh bien, Ganny, sois le bienvenu au Knorylsea, en attendant que le navire qui t'attend appareille à nouveau ! lui propose Blisskiss, en jetant un regard entendu à Sica.

- Toute ma gratitude pour vous, noble reine des amazones, s'empresse d'accepter l'homme, qui s'incline à nouveau pour prendre congé de Bliss-kiss.

Sica lui fait signe de la suivre à l'extérieur du palais. Une fois dans la cour, elle fait quérir l'intendante en chef et confie l'émissaire à ses bons soins. Le gîte, le couvert ainsi que toutes les douceurs auxquelles peuvent prétendre les convives de haut rang, ou estimés comme tels, lui seront naturellement offerts durant son séjour dans le royaume des amazones.

Dès le retour de Sica, la reine convoque la cour et tient aussitôt une séance extraordinaire.

« Mes chères amies, mes chères sœurs, voici venue l'heure d'un nouveau combat qui nous conduira à nouveau loin de nos terres. Hasgolan s'apprête à s'unir aux îles voisines d'elle pour nous contrer, désormais. Le temps presse. Nous devons tout faire pour empêcher ces alliances qui signeront assurément notre perte, si elles aboutissent. Je pense qu'il est temps pour nous de rendre une visite inattendue à nos alliés d'hier, à présent hostiles à nos vœux les plus chers. »

- Ma reine, quand devrons-nous appareiller ? l'interroge l'une de ses suivantes ?

- Dès que possible ! Qu'on commence à apprêter les navires de guerre et à les approvisionner en vivres et en armes pour cette nouvelle escapade.

- Tout sera fait selon tes ordres, Hushka, acquiesce la conseillère de la reine en charge de l'entretien des navires.

- Je m'occupe dès à présent des provisions, lui assure également la responsable des greniers et de la gestion des boissons et de l'eau.

- Se pose encore la question des étrangers qui résident sur notre île depuis quelque temps. J'estime qu'ils sont maintenant à même de supporter le voyage de retour vers leur patrie. Il est hors de question que nous les laissions sur nos terres, en notre absence. Nous les confierons donc au vaisseau marchand qui appareille encore sur nos côtes, en attendant de reprendre la mer.

- Je suis du même avis que toi, Hushka ! Nous ne pouvons prendre le risque d'une trahison à l'intérieur même de nos terres.

Tous les regards emplis d'une même expression d'assentiment convergent aussitôt vers celui de la reine.

- Bien, profitons donc des festivités prévues pour nous détendre dans le mesure du possible, avant d'aller croiser le fer avec cette fiente qui se prend pour un chef et sa cohorte de lâches qui osent nous déclarer la guerre, oubliant tous nos gestes d'amitiés d'hier.

« Qui nous cherche nous trouve ! Avant même qu'il ait pu formuler clairement sa pensée contre nous, à ses trousses, il nous trouve ! wouhlala hlala, hlala, wouhla hlala hlala... ! », psalmodient-elles en chœur, toutes à présent debout, ne formant plus qu'un seul et même corps. Un seul et même corps se prolongeant par cette voix commune qui les galvanise déjà en profondeur pour l'action de guerre qu'elles s'apprêtent à entreprendre, une fois encore afin de préserver la pérennité de leur royaume. Dehors, la cité s'égaye et vibre de toute part, dans l'attente de la fête qui promet d'être mémorable et belle. Le soleil dévie déjà sa course vers l'occident, après avoir copieusement baigné les vivants de ses rayons bienfaisants. Le destin des amazones tient, lui, sur le fil nébuleux et capricieux du temps, qui se profile déjà à l'horizon, sans que nul ne puisse en altérer le cours impérieux.

Elles sont toutes là, plongées dans l'obscurité, depuis deux nuits déjà. Tapie sur une natte jetée à même le sol, dans la grotte des mystères, chacune d'elles dispose d'une gourde portée en bandoulière autour d'une épaule. Elles boivent de temps à autre, avec parcimonie, le breuvage de purification qui leur a été distribué avant leur arrivée. Elles suivent toutes, méticuleusement la recommandation qui leur a été faite de s'abreuver avec intelligence et retenue, avant qu'elles ne pénètrent dans l'enceinte sacrée. Ce sera l'unique aliment dont elles devront se satisfaire plusieurs jours durant.

De constitutions plutôt robustes, pour la plupart, elles ont été préparées au passage de cette épreuve finale par étapes successives, à travers un entraînement physique rigoureux, outre un enseignement théorique et spirituel quasi quotidien. Ces filles, bientôt femmes, ou plutôt d'authentiques femmes-guerrières âgées de treize à seize ans et toutes pubères, viennent de sortir victorieuses des premières épreuves. Sept jours durant, elles ont démontré leur endurance à la lutte, à la course à pied. Leur habileté au maniement des armes privilégiées des amazones – arc, javelot et arbalète – a également été éprouvée, sans oublier leur capacité à résister aux situations les plus extrêmes. La faim, la soif, le froid, la chaleur, la mise en situation par des attaques verbales acerbes et déstabilisantes, autant de conditions peu évidentes à surmonter qu'elles ont déjà dû vaincre pour se retrouver aujourd'hui, ici, autorisées à affronter les trois derniers jours qui viendront sceller leur sort.

Des règles strictes composent la discipline de fer que leur impose l'apprentissage permettant de devenir amazone. Elles affrontent donc, ici, sans grande surprise et sans rechigner, la faim et la soif qui commencent à leur tordre les boyaux, de façon insoutenable.

Au soir du troisième jour, l'entrée de la grotte s'ouvre soudainement, l'espace d'un instant, et laisse passer la faible lueur du couchant. Cette intrusion brutale de la lumière est pourtant suffisamment violente pour leurs yeux déjà habitués à l'obscurité. Instantanément aveuglées, celles qui se trouvent dans le champ de la clarté du crépuscule, et qui n'ont pu s'en protéger à temps s'en détournent aussitôt vivement et, se tassent davantage sur elles-mêmes, avec une expression de contracture sur leurs visages éprouvés. Presque toutes sont accolées à un pan de la paroi rocheuse proche d'elles, tapies dans l'ombre qui semble s'être infiltrée en elles, au bout de tant d'heures passées à vouloir l'apprivoiser. Tantôt assises, tantôt allongées ou debout, elles sont toutes épuisées mais déterminées à aller jusqu'au bout de cette étape décisive.

Une voix rauque au ton impérieux s'élève subitement dans l'ombre, sans attendre qu'elles aient récupéré du choc causé par l'impact de la lumière sur leurs yeux fragilisés :

« Filles de la vie, êtes-vous enfin prêtes à mourir aux choses futiles et à renaître à vous-mêmes à présent ? », s'enquiert-elle alors avec une force saisissante.

- Oui, nous sommes prêtes ! affirment-elles d'une seule et même voix, du mieux qu'elles le peuvent, malgré la sensation de feu qui brûle leur gorge. Les sons grinçants mais audibles qui surgissent péniblement mais sûrement de leurs cordes vocales desséchées, à présent à vif, signent leur détermination à vouloir vaincre toute faiblesse physique.

- Filles d'une seule et même Mère, êtes-vous prêtes à vous sacrifier tout entières pour vous libérer à jamais des chaînes de l'ignorance et de la servitude ? questionne à nouveau la voix.

- Oui, nous le sommes ! clament aussitôt les filles.

- Êtes-vous prêtes à vivre en étant libres et à vous battre avec acharnement partout, afin de le rester, toujours ?

- Oui, nous le sommes ! proclament-elles encore d'une seule et même voix, avec ardeur et ferveur.

- Bien, à présent, asseyez-vous toutes et prenez une gorgée de ce qui reste dans vos gourdes. Observez bien et écoutez ! recommande la voix, qui semble s'être déplacé vers la droite, entre temps. Les filles essayent de se concentrer et tendent toutes vers l'endroit d'où leur parviennent ces ordres. Mais plusieurs torches vives illuminent presque en même temps le centre de la grotte. Les amazones en herbe détournent le regard de ce point central, une fois de plus, le temps de se réhabituer à la présence de la lumière. Leurs yeux s'acclimatent progressivement, mais douloureusement à la lueur jaillissant des flammèches, qui s'élèvent vivement vers le plafond. Elles distinguent enfin des ombres mouvantes décrivant, à présent, sous leurs yeux des scènes grotesques contre la paroi rocheuse. De la lutte pour la survie aux symboliques liées au monde de l'invisible, plusieurs métamorphoses se dévoilent à elles dans l'enceinte sacrée, où tout prend alors une dimension surréelle. Une autre voix s'élève à son tour dans l'espace partiellement illuminé, sans que les filles ne puissent deviner à qui elle appartient véritablement. Dans cette grotte, les voix sont étrangement déformées, grâce aux subterfuges des doyennes qui jouent habilement avec la configuration phonique naturelle des lieux.

- Vous qui errez encore dans l'ombre et qui aspirez à renaître dans la pleine lumière, savez-vous pourquoi nous amputons l'un de nos seins pour devenir amazones ? le savez-vous vraiment ? leur demande-t-elle, ses paroles résonnant en écho, d'un bout à l'autre de la cavité rocheuse.

- Nous devons nous en libérer afin de devenir des guerrières sans entrave pour le maniement des armes, répondent la plupart des filles.

- Il en est ainsi, en effet, mais pas seulement.

- Lorsque nous sacrifions l'un de nos seins, nous supprimons par la même occasion l'un de nos attributs féminins et maternels fondamentaux. Ce faisant, nous nions tout pouvoir des hommes sur notre personne, car nous refusons d'être reléguées à de simples objets de désir, doublés de ventres féconds et nourriciers. Celles de notre condition ont été malmenées pendant trop longtemps, de façon injuste et si ingrate, à cause des considérations liées à leur féminité par le passé, et cela continue encore aujourd'hui. Mais nous, nous avons décidé de mettre un terme à tout cela.

Un silence recueilli accueille ces mots emplis de fierté.

- Le sein, voyez-vous, c'est aussi le prolongement du ventre qui enfante, du sexe qui attire toujours l'homme et de tout ce qui nous ramène immanquablement à notre fonction matricielle, celle qui fait de nous des génitrices dévouées à la survie des nôtres. Pour cette même raison, l'absence d'un sein nous confère ce même pouvoir d'être libres et à même d'assumer notre destinée. Chose que nient les hommes, en nous reléguant sans cesse aux tâches subalternes et à un rang inférieur.

- Puisqu'eux ne savent pas ce que nous représentons pour l'humanité, et qu'ils ne veulent même pas le savoir pour la plupart, nous proclamons ainsi, haut et fort que nous pouvons aussi bien nous passer de ce par quoi ils souhaitent nous réduire à peu de chose. De ce fait, nous brillons à maints égards par l'absence même de ce sein. Vous l'avez compris, ce sein qui n'est plus jure aussi de la fin de notre appartenance aux valeurs réductrices et mortifères qui nous forçaient à n'être que l'ombre de nous-mêmes, surenchérit la première voix, qui se manifeste à nouveau.

- Oui, et vous le savez déjà, ce sein, qui n'est plus, améliore notre capacité à guerroyer, en libérant le champ d'action pour des tirs de précision, qu'il s'agisse du tir à l'arc, à l'arbalète ou de celui au javelot. Ce sein qui ne sera plus dit surtout que nous avons volontairement choisi notre voie, et que jamais plus nous ne serons de simples jouets aux mains des hommes, conclut, sur ce, la seconde voix.

Les scènes rituelles reprennent alors à travers les jeux d'ombres et de lumière, au bout d'un instant de silence. Des jeux de guerre, de chasse ou de célébration rituelle en émergent, à la lueur des flammes qui redoublent d'intensité par moment, attisées par des mains expertes dissimulées aux regards par un subterfuge savant.

- Oui, nous sacrifions aussi à la joie d'être guerrière celle d'être pleinement mère, sans autre objectif que celui de rester libres et fières, toujours, dans la pleine confiance de nos sœurs. Dès lors que nous devenons amazones, nous ne formons plus qu'un seul et même corps avec nos mères, nos filles et nos sœurs. Nous n'œuvrons plus que pour la survie de la communauté, une fois ce choix fait. C'est pour cela que nous devenons sœurs, en esprit et en action. Et, en tant que telles, nous privilégions délibérément les liens du pacte qui nous lie les unes aux autres à ceux du sang, souligne une troisième voix.

- Ce qui nous amène à aborder la question de la confiance, qui demeure pour nous d'une importance primordiale. Car, c'est notre survie même qui en dépend. Grâce à la confiance établie entre nous nous poursuivons notre quête de liberté sans crainte de trahison à l'intérieur de nos rangs. Sans elle, notre mode de vie ne saurait perdurer et jamais les serfs ne nous respecteraient comme c'est le cas depuis si longtemps. Si nous laissions des rivalités stériles et malsaines s'installer parmi nous, nous ne pourrions que nous disperser au lieu de mobiliser nos forces vers la poursuite de notre but commun. L'intérêt individuel prendrait irrémédiablement le pas sur celui du groupe et les discordes qui pourraient s'en suivre ruineraient rapidement l'ordre des choses, tel que nous le connaissons et tel que nous en avons hérité de nos aînées. Vous devez donc toujours veiller à préserver l'entente au sein du groupe, maintenant que vous êtes conscientes de ce que cela implique. La solidarité et la loyauté s'avèrent nos plus belles armes vis-à-vis du monde extérieur.

- Nous sacrifions nombre de choses, certes, pour préserver notre liberté, mais nous ne renonçons guère à la joie de vivre. La joie, vous en conviendrez, constitue notre récompense à travers les moments précieux au cours desquels nous pouvons nous détendre pour jouir pleinement de l'existence, leur annonce une cinquième voix, plus basse et plus profonde que les précédentes.

- Oui, nos fêtes sont dignes de celle des dieux parce que nous avons renoncé à l'ordre des choses tel qu'il est voulu par les hommes, pour nous tourner vers le seul qui convienne véritablement à notre nature rebelle et fougueuse. Ne bridez donc jamais votre joie, puisque vous ne savez guère si l'instant où elle vous est offerte sera le dernier que vous apprécierez vraiment, proclame encore cette nouvelle voix avant de faire silence.

- En célébrant la joie, nous célébrons et acclamons la vie et, avec elle, la déesse-mère, dont provient toute chose. La Nature est notre mère à tous et nous l'honorons chaque fois que nous rendons grâce, en appréciant les bienfaits qu'elle nous accorde avec grande générosité, poursuit une sixième voix aux accents captivants, légèrement flûtée et plus douce, quant à elle.

- Le culte de la déesse nous relie à la source même de la vie, souvenez-vous-en toujours. Ainsi, chaque fois que nous nous réjouissons, c'est l'essence même de la vie qui s'épanouit librement en nous que nous exaltons. Nous convergeons allègrement, dès lors, vers les sphères lumineuses de tous les univers, abolissant l'espace, d'un instant, toute dimension matérielle précise-t-elle encore.

- C'est donc la beauté et la pureté que nous vénérons en tout premier lieu, même si les profanes se baseront toujours sur des considérations arbitraires pour qualifier nos rites d'obscènes. Pourtant, il n'y a rien de contre-nature dans notre façon de vivre et de nous réjouir autant par le corps que par l'esprit, exprime une septième voix, belle et veloutée.

- Nous nous parons joyeusement des richesses que nous octroie mère-Nature. Nous nous aimons sans fausse retenue, et nous profitons des rapports sexuels avec les mâles de notre choix afin de nous reproduire. Grâce et beauté nous précèdent donc en toute chose. Même dans l'art de la guerre, nous abandonnons la crue bestialité aux hommes, qui privilégient cette manière de faire. Oui, nous nous y prenons de façon bien plus subtile, sans pour autant oublier que notre objectif est de vaincre. La différence entre eux et nous réside de ce fait dans l'art et la manière de concevoir et d'aborder les choses de la vie. Ainsi nous jouissons des nourritures terrestres avec délectation, tout en usant des armes avec une adresse que beaucoup nous envient, achève cette dernière voix, tandis que les ombres dansent à la surface de la paroi rocheuse sur laquelle se déploient encore des gestuelles savamment orchestrées.

Soudain, les flammes s'évanouissent, suite à des mouvements vifs vers le bas, et l'enceinte sacrée se trouve à présent plongée dans l'obscurité. Seuls les filets de fumée qui montent encore vers le haut apportent encore une teinte contraire à celle de la nuit noire, créant un contraste remarquable sur l'ensemble. Les voix se sont tues. Les ombres se sont fondues dans les ténèbres, comme si elles s'étaient éteintes en même temps que la lumière. À nouveau, le silence. Un silence lourd, presque palpable, plane au-dessus des têtes, toutes attentives. Plus rien ne bouge. Pas un souffle. Comme si nulle présence ne se trouvait en ce lieu. Rien ! Même la respiration des membres de cette assemblée semble s'être faite discrète. Les filles retiennent leur souffle, visiblement. Toutes se demandent naturellement ce qui les attend. Un instant plus tard, des gongs se mettent à résonner sur un rythme lancinant et régulier et presque effrayant dans ce noir quasi-total. Les notes mystiques s'intensifient et s'infiltrent en chacune d'elles avec une force souveraine, dans le recueillement dû à ce grand moment des plus symboliques.

« Filles de l'ombre qui aspirez à la pleine lumière, qui voulez-vous sacrifier

parmi vous ce soir afin de renforcer la co-
hésion du groupe ?» interrogent ensemble
les sept voix qui se sont déjà adressées
aux filles, quelques instants plus tôt. Ces
paroles surgissent en un rugissement formidable, qui survole le son des gongs, et
s'élève par-dessus les têtes, de façon persistante.

Nulle réponse ne vient. Aucune des
filles ne semble disposée à s'exprimer,
pour une fois. Les voix leur demandent
encore, après avoir réitéré cette même
question :

- Qui jugez-vous suffisamment
faible parmi vous et qui mériterait
d'aller rejoindre le rang des morts,
plutôt que de faillir un jour à la dé-
fense des intérêts du royaume ?

Une fois de plus, seul le silence
sourd et muet plane en guise de réponse.

- Nous notons donc qu'il n'y a
rien à signaler à ce niveau, et que vous
êtes toutes aptes à assumer la mission
qui vous attend et désireuses de contribuer à la sauvegarde de notre communauté et de ses valeurs. Sommes-
nous d'accord, interrogent à nouveau
les voix.

- Oui, nous le sommes. Nulle n'est à sacrifier, ici, pour cette raison, s'exclament alors les filles en chœur, en rompant enfin le mutisme dans lequel elles s'étaient murées, un moment plus tôt.

- Bien, dans ce cas, vous venez de gagner votre entrée dans le cercle des braves ! amazones, levez-vous !

Les torches se rallument.

- Chacune à votre tour, approchez ! ordonne l'une des prêtresses qui apparait maintenant en pleine lumière, comme ses consœurs, dans une longue et large tunique, avec un masque rituel sur le visage.

- À présent, vous allez prêter serment en continuité avec l'enseignement que vous venez de recevoir. Chacune à votre tour, vous prononcerez à voix basse les vœux sacrés qui vous seront murmurés à l'oreille par la doyenne, puis vous boirez à la calebasse que je vous tendrai.

L'une après l'autre, les filles suivent ce rituel qui clôt ici leur initiation.

Dès l'aube, les gongs résonnent dans tout Knoryl, se répondant les uns aux autres, d'une vallée à l'autre, par-delà les collines, par-delà la grande étendue déserte qui sépare les terres d'en haut de celle d'en bas. L'annonce de l'accomplissement du rite de passage des nouvelles amazones se répand rapidement partout. Les filles sont enfin de retour dans le Knorylsea. Dans une fébrilité presque palpable, elles se reposent au quartier général réservé à l'armée, en attendant l'arrivée du soir. Oui, ce soir, les nouvelles initiées seront publiquement célébrées en tant qu'amazones, dans la liesse générale, songe chacune d'elles en son for intérieur, tout en conservant un regard assuré qui laisse transparaître une dignité toute martiale. Ce regard est aussi celui de celles et de ceux qui reviennent de loin, après avoir traversé maints périls. Il est celui de celles et de ceux ayant bravé et vaincu l'impensable, un jour ou l'autre.

Trois jours après qu'elles aient prêté serment dans l'antre sacré, elles subissent, chacune, l'ablation du sein droit, en vue d'améliorer leur aisance au tir à l'arc. Les prêtresses ont attendu qu'elles reprennent des forces avant de procéder à cette opération aussi radicale que douloureuse. Cela devrait leur permettre de récupérer au plus vite. Dès après le premier chant du coq, à l'aube, les filles ont été rassemblées dans la vaste salle de soin réservée aux seules amazones. De larges fenêtres en bois permettent de l'aérer suffisamment, en permanence, sauf par temps de tempête. La grande porte qui y mène est conçue dans le même matériau. Le sol dur, en terre battue, est d'une propreté irréprochable et des nattes y sont déroulées presque partout, ce jour-là. À gauche de l'entrée, un muret dessine un petit coin qui constitue une sorte de cabinet. Des étagères disposées contre le mur du fond supportent des cuves en terre cuite et des calebasses de formes et de tailles diverses. Des ustensiles sont accrochés à des piquets enfoncés dans le mur et qui débordent de sa surface d'une bonne main. Des lampes disposées dans des alcôves creusées dans le mur, à droite et à gauche du muret, séparé en deux par une petite ouverture, éclairent la pièce, en attendant l'éclat du grand jour. Une grande jarre contenant un étrange liquide coloré repose au sol, sur un linge blanc, de l'autre côté du muret donnant sur la grande salle. Une table basse recouverte elle aussi d'un drap blanc affiche plusieurs sortes de coutelas aux lames fines et tranchantes, aiguisées à l'extrême. Chaque objet qui s'y trouve a été chauffé à blanc, refroidi, puis nettoyé et bouilli dans une eau claire pendant une bonne heure. Maintes calebasses plates s'y trouvent également posées sur du blanc. Les prêtresses entrent les premières. Elles s'assurent que rien ne manque.

Dès que la chirurgienne spécialiste de l'ablation du sein donne son assentiment, l'une des prêtresses s'en va chercher les filles qui patientent dehors, en rangs bien ordonnés. L'une après l'autre, elles pénètrent dans la salle d'opération et suivent les ordres, sans broncher. Passée la porte, chacune d'elles voit alignées devant elle plusieurs prêtresses. La première qu'elle approche lui tend une calebasse contenant un breuvage qu'elle boit d'une traite. La suivante récupère ses vêtements, qu'elle transmet à une autre, se trouvant derrière elle, puis elle lui donne un pagne d'un blanc immaculé dont elle se ceint la hanche. Ses vêtements sont aussitôt rangés dans un panier, derrière le muret. La jeune fille avance ensuite vers la troisième prêtresse se trouvant dans le même alignement que celles qui sont devant. Mais celle-ci est assise sur un tabouret bas, jambes écartées, de part et d'autre d'une large cuvette en terre cuite. Deux amazones de corpulence forte se tiennent en face d'elle.

« Agenouille-toi là !», ordonne la chirurgienne à chacune des filles, lorsqu'elle parvient à son niveau. Celle-ci obéit et se trouve aussitôt maîtrisée par les deux amazones. Les bras maintenus dans le dos, le torse dégagé tendu vers le haut, elle ne peut plus bouger d'un poil, sous l'emprise de ses deux aînées. Une prêtresse se tenant derrière la chirurgienne s'avance alors et bande les yeux de la jeune fille. D'un geste précis et vif, la spécialiste entaille le sein à sa base, dans un mouvement ample allant du bas vers le haut. Elle crée ainsi une belle ouverture par laquelle elle évide rapidement le sein. La première jeune fille qui subit ce traitement serre les dents et se mord la lèvre inférieure, à l'arracher. Mais elle ne crie pas. Seul ce qui ressemble à un grognement sourd s'échappe de sa bouche. Le sang gicle et se déverse par jets puissants et brefs dans la cuvette posée à terre, l'espace d'un instant. La blanchâtre masse mammaire sortie de son emplacement initial va rejoindre le reste, gluant et visqueux, dans le même récipient. L'assistante de celle qui opère approche une gourde contenant un liquide aseptisant aux forts relents d'herbes et le fait couler dans la poche et tout autour. Le sein est aplati de façon à en extraire le liquide traitant, puis la poi-

149

trine en est à nouveau aspergée. La prêtresse qui se trouve à gauche de la chirurgienne s'approche de l'opérée, à son
tour, et panse sa blessure à l'aide de la
large bande d'une toile blanche et fine
qu'elle enroule autour de son torse, à
plusieurs reprises. Les deux amazones
qui maintiennent toujours la jeune ini-
tiée l'entraînent enfin vers l'une des
nattes situées au fond de la pièce et l'aident à s'y coucher. Elles la recouvrent
d'un drap blanc d'une belle épaisseur,
afin d'éviter qu'elle ne prenne froid, puis
elles s'en retournent assister la suivante.

Ainsi, l'une après l'autre, les jeunes
initiées expérimentent dans leur chair le
sens premier du nom qu'elles ont juré de
servir : « *a-mazone* », sans sein !

Cette première mort à elles-mêmes
les anesthésie déjà, d'une certaine façon,
contre l'horreur de toutes les morts qui
parsèment sur terre le cours de la pi-
teuse existence de l'être humain. Survivre à cette étape, c'est s'affranchir de
l'image du corps par laquelle elles
n'étaient pas encore consacrées en tant
que braves guerrières. Dorénavant, plus
rien ne les relie à l'état de la femme ma-
ternelle et servile, qui préfère engendrer

plutôt que de guerroyer. Elles viennent seulement de naître en tant qu'amazones. Elles ne mangeront que le lendemain et elles resteront en quarantaine, huit jours durant, le temps de la cicatrisation du sein meurtri. Elle approche déjà l'heure de leur véritable entrée dans le cercle des amazones.

Du matin au soir, toute la cité s'organise et prépare les festivités en vue. Il en est de même dans les autres cités du royaume qui fêteront également la victoire des jeunes filles fraîchement promues.

Elles passent la journée à se revigorer après tous ces jours éprouvants, bien qu'enrichissants. Elles s'alimentent à nouveau, convenablement, et profitent de cette journée de liberté pour savourer dans le calme leur réussite bien méritée.

Comme toujours, la fête est belle. Tout Knoryl festoie en même temps que la cité royale.

Blisskiss présente elle-même les nouvelles recrues à l'assemblée. Elle les appelle chacune par leur nom et les invite à la rejoindre près du feu, au centre de la place, face à l'assistance qui ne perd pas une miette de cette cérémonie rituelle qui précède les agapes. Dès que les filles sont toutes réunies autour d'elle, elle fait signe à la doyenne et à Sica, qui procèdent alors au sacrifice d'un nombre de colombes égal à celui des jeunes amazones fraîchement promues.

Leur sang est recueilli dans une calebasse qui circule ensuite parmi les filles
nouvellement initiées. Chacune d'elles se
pique le bras à la pointe du couteau
qu'elle sort du fourreau qui pend sur un
côté, au bout d'une ficelle, puis elle laisse
couler quelques gouttes de son propre
sang dans le récipient avant de le tendre
à la suivante. Le sang des jeunes amazones mêlé à celui des volatiles est aussitôt versé en un long filet sur le brasier
qui réchauffe alors l'atmosphère. Une fumée âcre s'élève lourdement des flammes
et se propage largement aux alentours,
s'infiltrant partout, comme pour signer
d'une certaine manière ce rite mystérieux. Dès que les flammes redeviennent
vives et belles, les gongs résonnent avec
fureur et la reine annonce aussitôt le dé-
marrage des festivités. Les anciennes
poussent à présent de vibrants cris de
liesse pour accueillir leurs cadettes au
sein du cercle des braves.

Le vin coule à flot, dès lors, tandis
que les mets divers et variés, préparés
pour la circonstance, circulent à profu-
sion parmi l'assemblée réunie autour de
la grande place. Les chants et danses en-

flamment les esprits et nourrissent encore plus l'appétit des sexes, tandis que la fête se prolonge dans une nuit vaporeuse de pleine lune qui enveloppe l'espace et les êtres d'une aura surréelle. Encore une fois, les amazones s'adonnent aux plaisirs de la chère, sans oublier ceux de la chair. Lors de ces rares moments de festivité, elles s'ingénient à voler à la vie l'insouciance précieuse et belle de l'instant présent qui ne jure jamais de rien d'autre que de ce qu'il est vraiment. Demain est un autre jour, cette nuit appartient pleinement aux mortels qui s'arrogent un doux répit sur le temps. Tordre le cou au destin, ne serait-ce que quelques instants. Échapper à son inexorable emprise, rien qu'en n'y pensant plus. Se délecter des sensations pures qui enivrent l'être au point de le libérer de tout ce qui lui pèse dans l'espace-temps où s'inscrit toujours sa misérable existence, assurément vouée à la disparition. Tel est le défi que relèvent les amazones du Knoryl chaque fois qu'elles s'offrent le privilège d'échapper aux réalités du quotidien à travers leurs orgies jugées déplorables par tant d'autres peuplades.

À la tombée de la nuit suivante, elles se rassemblent autour des anciennes, dans la grotte du savoir. Deux torches suspendues par des pieux pendent à droite et à gauche, à une dizaine de mètre de l'entrée de la cavité rocheuse qu'elles éclairent partiellement de leurs flammes. Toutes s'asseyent, dès lors que la reine arrive en compagnie de la doyenne, suivie de sa cour. Honan, vêtue d'une longue blouse en lin, de couleur beige, arbore un impressionnant masque rituel affichant une tête de léopard. Ses yeux rougeoyants, gorgés de sang, probablement sous l'influence d'un breuvage galvanisant, percent les deux trous laissés par ceux de la bête à laquelle appartenait cette face dont il ne reste désormais que la forme et le pelage. À pas vifs et mesurés, elle arpente l'espace vide laissé entre la foule et le cortège de Blisskiss, tout en remuant la tête, comme mue par le rythme d'un chant qu'elle seule entend. L'assistance, captivée par cette présence aux allures fantasmagoriques qui créent ici le lien entre le monde visible et l'invisible, murmure des

155

paroles indistinctes, comme pour se rassurer. La reine promène ses yeux sur les mouvements de la doyenne, sans pour autant chercher à accrocher son regard. Elle sait que celle qui officie ici ce soir est déjà ailleurs, tout en étant présente au milieu d'elles. Et puis, conserver cette distance raisonnable qui sied à celles de son rang, permet toujours de se préserver de tout dérapage. Toutes le savent, les prêtresses se trouvent souvent dans un état second, lorsqu'elles célèbrent certains rites. Inutile donc de s'exposer à leur verve qui peut fluctuer de façon déstabilisante, contre toute attente, formulant alors des propos plus qu'indécents.

Puis les gongs se taisent quand les flammes abaissent l'éclat de leur lumière. Le silence s'empare de tout, se saisit des êtres qui attendent là un évènement imminent. Tous les regards se fixent sur le groupe formé par la reine, ses suivantes et la doyenne. Les filles nouvellement initiées ouvrent grand leurs yeux, dans l'espérance de cette chose étrange qui ne saurait tarder. La doyenne fait tournoyer à plusieurs reprises la queue de panthère qu'elle tient dans la main droite, en balaie l'espace de gauche à droite, à trois reprises, puis elle se met à parler d'une voix pénétrante et basse. En un long monologue, elle leur conte enfin, d'une voix pénétrante et grave, cette histoire issue de la nuit des temps.

« Au début des temps, aux heures où l'humanité naissante babillait innocemment tel un enfant nouveau-né, nous n'étions encore que l'ombre de nos ombres. Nous ignorions tout de nos possibles destinées. Et, sans fin, nous errions sans autre espérance que celle de survivre du jour présent jusqu'au suivant. Seule la faim, la soif, le froid et l'insupportable chaleur, tout comme l'irrépressible besoin de copuler étaient alors maîtres de nos esprits, encore à l'état végétatif.

Oui, nous étions pathétiques et si misérablement rapaces et lubriques, en ces temps premiers. Les animaux craignaient déjà davantage notre cruauté que notre aspect monstrueux, à mi-chemin entre l'animal et l'homme, sans grand pelage. Notre allure excessivement bestiale les faisait fuir, d'ailleurs, bien

157

plus que nos armes et notre force physique, insignifiante à elle seule. Nous étions, oui, bien peu de chose à l'époque.

Et, sans fin, nous errions dans la nuit noire de notre conscience encore frémissante du désir de naître à elle-même, sans crainte ni de Dieu ni du Diable. La mort elle-même ne nous effrayait pas tant. Nous mourions comme nous naissions, tels de simples vers de terre apparaissant un beau jour à la surface de la terre, pour y pourrir au jour suivant, ou peu de temps après. Comme les bêtes sauvages, nous ne nous posions pas vraiment de question sur l'existence. Naître, vivre et mourir étaient pour nous dans l'ordre naturel des choses. Fin de l'histoire.

Pourtant, par un sombre jour que nul n'a vu venir, tout bascula, soudainement. Nous vivions tels des simples d'esprits, jusqu'au jour fatidique où la montagne se rebella, sans raison, vomissant du feu, crachant des cendres brûlantes, tétanisant de stupeur tous ceux qui étaient témoins de ce phénomène étrange. La rivière de feu qui se répandait de la bouche de la montagne vers les vallées et les plaines fauchait les gens par centaines, sur des distances inimaginables. À plusieurs journées de marche du campement principal, cette traînée de feu monumentale et liquide serpentait et courait, comme si elle nous prenait en chasse.

Les survivants voyaient agoniser ceux des leurs qui se démenaient encore au sol, en proie à des douleurs épouvantables. Ceux-ci les suppliaient continuellement de les aider à abréger leurs souffrances, tant la mort leur semblait alors préférable à l'horreur de l'insupportable tourment qu'ils enduraient. Certains d'entre eux, victimes d'hallucination, hurlaient sans cesse des choses incompréhensibles, souvent terribles, tant leurs souffrances étaient grandes. Ils se mirent, soudain, à parler de ce qui leur apparaissait alors comme étant des visions de l'au-delà. Pour la première fois, il y eut une terrifiante description d'un monde autre que celui que nous connaissions, celui auquel nous semblions tous destinés après cette vie sans répit. C'est alors que, dans un sursaut fulgurant, nous venions de prendre conscience du fait que nous devrions également craindre la mort !

Depuis lors, La faim, la soif, le froid, la canicule et le besoin de copulation ne furent jamais plus les seuls objets de notre préoccupation.

Dorénavant, nous avions aussi peur de mourir. Peur de nous retrouver dans un monde où la souffrance pouvait être sans fin, tel que nous l'avait décrit ceux des nôtres qui traversaient alors des moments de souffrance insoutenables. Ceux qui allaient mourir des suites de leurs terribles blessures venaient d'ouvrir la voie sur des pensées nouvelles qui nourrissent, depuis, nos peurs viscérales. Pour la première fois, nous enterrions de façon solennelle ceux des nôtres dont le corps avait échappé aux flammes destructrices.

Nous étions déjà suffisamment pétris d'horreur et saisis d'une sourde et indescriptible angoisse à la seule vue de ce volcan dont le feu se nourrissait de lui-même. Les récits des visions d'horreur reçus de la bouche des nôtres sur ce qui semblait être l'au-delà achevèrent de nous ouvrir aux mystères du monde dans lequel nous évoluions auparavant, sans chercher à le comprendre outre mesure. Avant cette terrible catastrophe, la

160

mort nous tombait dessus, sans prévenir, et nous l'acceptions simplement,
sans plus.

Naître, vivre et mourir sont devenus
pour nous des moments chargés de ferveur et de rites régulateurs, depuis cette
époque reculée.

Plusieurs jours plus tard, lorsque le
volcan cessa de déverser ses torrents de
laves écumantes, les nuages de cendre se
mirent à se dissiper, lentement. Une lune
plus tard, les survivants rassemblèrent
leurs forces et s'éloignèrent pour toujours de ces terres désolées. Ils s'en allè-
rent vers des paysages verdoyants où les
fruits, les légumes et diverses racines comestibles abondaient et se trouvaient à
portée de main. Ils ne disposaient même
plus de l'énergie suffisante pour pouvoir
chasser. Vivre prenait soudainement un
sens nouveau. Vivre, c'était dorénavant
la certitude d'échapper momentanément
au pire, se profilant ainsi dans cette vi-
sion de la vie après la mort.

Un beau jour, Zelta, l'une de nos
lointaines ancêtres, se rendit dans une
grotte et y dessina, à même les parois rocheuses, les scènes d'horreur qui nous

avaient tous fortement marqués, suite à l'éruption volcanique. Elle laissa également des traces des visions collectives provenant de la bouche des agonisants, victimes de la catastrophe. Cette femme se rapprocha davantage des animaux, par la suite, s'intéressant à eux de façon inhabituelle. Elle les suivait, les épiait et notait mentalement toute chose remarquable pouvant découler de leur comportement.

Plus tard, Zelta fut touchée par la beauté d'une gazelle, qu'elle se mit à suivre, discrètement. Tout au début, La gazelle s'enfuyait promptement, dès lors qu'elle remarquait la présence de l'ancêtre. Mais elle comprit par la suite que cette femme ne lui voulait aucun mal et finit par l'ignorer, tout bonnement. Le quadrupède continua donc à vivre comme si de rien n'était, que Zelta soit là ou non. L'ancêtre-femme observa avec beaucoup d'attention le fait que la gazelle se nourrissait de certaines plantes, tout en évitant soigneusement d'innombrables autres. Elle recueillit les végétaux comestibles pour la bête et les ramena dans la grotte qu'elle occupait alors seule, après avoir inscrit dans son esprit ceux volontairement dédaignés par l'animal.

Zelta dissimula méticuleusement ses trouvailles dans les anfractuosités de la roche, inaccessibles à la plupart de ses congénères, ne voulant pas qu'elles soient inutilement abîmées. Après s'être suffisamment instruite des choses de la Nature auprès de la gazelle, l'ancêtre s'attacha aux lémuriens. Comme ceux-ci lui échappaient souvent en grimpant prestement aux arbres, elle se contenta de les épier dans la mesure du possible, tapie dans l'herbe, avant qu'ils ne remarquent sa présence et ne se sauvent. Elle s'aperçut ainsi qu'ils raffolaient de certains fruits, d'herbes et de racines dont elle-même, tout comme les siens, ignorait tout, jusqu'alors. Une fois encore, elle prit bonne note de tout cela, imprimant les images s'y rapportant dans sa tête, sélectionnant les végétaux comestibles nouvellement découverts.

Un peu plus tard, Zelta remarqua que l'un des lémuriens observait fixement une scène étrange, non loin de l'endroit où elle-même se trouvait dissimulée. Elle se rapprocha prudemment de la zone où quelque chose semblait avoir tellement captivé l'attention de l'animal et, en suivant son regard, ses yeux se posèrent, ahuris, sur un couple de serpents aux corps fermement entremêlés. Les reptiles étaient alors en pleine lutte, cherchant mutuellement à s'asséner des morsures mortelles. Un moment plus tard, l'un d'eux lâcha prise et s'écroula au sol, épuisé et vaincu. Son adversaire se détacha lentement de lui, enfin. Le vaincu se lança subitement dans une succession de soubresauts, s'entortillant et s'étirant de douleur de façon horrible, puis il finit par se raidir complètement. Aussitôt après, le vainqueur s'en alla. Toutefois, contre toute attente, le lémurien observait toujours la dépouille du serpent terrassé. L'ancêtre s'apprêtait à s'en aller, pensant que le spectacle était terminé lorsque, contre toute attente, un autre serpent s'approcha de celui qui venait d'être vaincu, déposa une feuille rare au-dessus de sa tête sans vie, puis s'en retourna. Le reptile passa tout près de Zelta, qui observait tout, tapie dans l'herbe. Elle retint instinctivement son souffle, tout en frémissant intérieurement de frayeur. Le serpent qui passa à quelques centimètres de distance d'elle. C'était un cobra, l'un des reptiles les plus venimeux qui soient.

Le lémurien ne perdit pas de temps. Il s'empressa de descendre de son perchoir, pendant ce temps, et se saisit prestement de la feuille étrange qu'il emporta avec lui dans les hauteurs. Zelta crut voir le reptile mort bouger quelque peu, juste avant l'intervention du lémurien. Elle eût tout juste le temps de remarquer les principales caractéristiques de cette feuille avant qu'elle ne soit enlevée.

L'ancêtre-femme se rapprocha tellement des animaux, qu'elle en vint à ne plus consommer de viande. Elle ne s'alimentait plus que de substances végétales et elle jeûnait, parfois, des jours durant. Elle vivait en totale osmose avec la nature et se régénérait des énergies ambiantes de manière étonnante. Il lui suffisait de faire le vide en elle et d'accueillir le silence pour parvenir à un état de plénitude lui permettant de s'ouvrir véritablement au milieu environnant. C'est ainsi qu'au bout de sept jours de jeûne, elle finit par avoir des visions étranges. Elle se sentit aspirée à l'intérieur du ventre même de la Terre. Dès lors, une voix s'adressa à elle et l'interpella avec tendresse:

« Zelta, ma fille, je suis Aï, la mère de toute chose se trouvant sur terre. Tu me connais déjà, c'est pour cela que je t'accueille ainsi en moi. À présent, ouvre tes yeux ainsi que tes oreilles, et ressens en toute plénitude, au fond de ton être, tout ce que je m'apprête à te dévoiler. »

L'ancêtre-femme se tourna et se retourna sur elle-même, plus d'une fois, pour voir d'où lui venait la voix. Elle ne vit rien d'autre qu'un antre monumental dont les parois étaient semblables à des boyaux sanguinolents et vivants.

- Aucun visage particulier ne me définit, ma fille ! J'existe naturellement dans tout ce qui vit ou existe autour de toi, depuis toujours.

À peine avait-elle fini de parler que Zelta se sentit projeter à travers une spirale aspirante tout au fond d'une caverne. Un instant plus tard, l'ancêtre se retrouva sur la berge d'un fleuve de sang, charriant par milliers toutes sortes de gens, écorchés vifs. Une multitude de têtes monstrueuses, toutes grimaçantes de douleur, essayaient de s'extirper avec obstination de cette masse infecte et gluante, sans succès. Des bras désespérés parvenaient parfois à s'élever par-dessus l'onde écumante et tourbillonnante en des gestes désordonnés et brefs.

- Tu te trouves ici, dans le monde destiné aux violents. Ce sont tous ceux qui ne savent pas maîtriser leurs élans et leur force et qui n'existent que par leur aptitude à verser le sang d'autrui, de façon inutile. Mais il y a bien pire.

- Comment cela se pourrait-il ? Peut-il seulement exister pire horreur que celle-ci ? interrogea spontanément Zelta, déjà, plus que terrifiée et l'estomac au bord des lèvres.

Elle se sentit emportée, de nouveau, à travers la spirale aspirante. La voici dans un environnement continuellement changeant, d'endroit en endroit. Ici, lui apparaissaient de pauvres gens qui basculaient du sommet d'une haute montagne vers un vide abyssal. Leurs hurlements terribles s'accompagnaient inévitablement du bruit effroyable de leurs carcasses brisées qui remontaient avec l'écho porté par le vent. Mais alors qu'elle les plaignait et pensait leur calvaire achevé, elle les voyait réapparaître pour revivre indéfiniment cette même scène horrible. Là-bas, un peu plus loin, se trouvaient ceux qui tombaient dans un large puits assez profond, à l'intérieur duquel des milliers de serpents agressifs les accueillaient tout crocs saillants. Leurs venins terrassaient immanquablement les malheureux qui finissaient au milieu d'eux, avant qu'ils ne les broient et ne les dévorent avec un appétit vorace. Toutefois, comme par enchantement, les êtres ainsi disloqués revenaient à la vie, aussitôt après, pour revivre sans fin le même enfer. Un peu plus loin, d'autres personnes se démenaient jusqu'à l'épuisement au milieu des flammes d'une fournaise qui les encerclaient suffisamment pour qu'ils ne puissent pas s'en échapper. Ils finissaient en cendres, au bout d'un moment, puis ils se retrouvaient au centre du cercle de feu pour y être consumés vivants, toujours et encore, jusqu'aux cendres.

    - Zelta, ma chère enfant, ici se trouvent ceux qui ne savent être que par la violence et la haine. Ils vivent et

revivent sans fin leurs propres pho-
bies, en punition aux horreurs qu'ils
ont perpétrées de leur vivant. Il existe
encore bien d'autres mondes réservés
aux hommes dont l'existence sur terre
fut nuisible pour leurs congénères.
Néanmoins, je veux que tu voies autre
chose à présent.

À peine Aï avait-elle fini de s'exprimer ainsi, que Zelta se retrouva dans un
jardin calme et sans couleur véritable.
Tout y semble gris et sans vie. Des
ombres y erraient silencieusement, ici et
là, sans pouvoir s'arrêter nulle part.

- Tu te trouves ici dans le
monde des esprits simples. Il s'agit de
ceux des gens qui ont vécu sans avoir
pris conscience des enjeux inhérents
à leur évolution spirituelle. Sache également que, depuis toujours, plusieurs mondes habitent en chaque
être vivant doté d'une conscience.

- Des mondes en nous ? ne put
s'empêcher de lâcher l'ancêtre-femme
d'une voix atterrée.

- Oui, ma fille ! En réalité, ces
mondes existent en chacun de vous,
même si vous pensez que c'est vous

qui vous trouvez dans l'un d'eux, celui qui vous semble le plus tangible.

- Mais, Aï, comment peut-on porter en soi ne serait-ce qu'un seul monde ? ose interroger la visiteuse, d'un air intrigué.

- Comment aurais-je pu te conduire jusqu'à moi, autrement, mon enfant ? Ton corps repose toujours au même endroit où tu l'as toi-même laissé, avant d'entreprendre ce voyage singulier. Pourtant, tu te trouves réellement en ma présence, ici et maintenant, et tout ce que tu vois en ce moment existe véritablement dans ces mondes que je te fais découvrir.

- Mais, justement, pourquoi m'avoir menée jusqu'à vous... ?

- Zelta, mon enfant, je t'ai laissée venir à moi car tu avais déjà, toi-même, effectué une grande partie du chemin de connaissance qui aboutit ici, exprime encore la voix puissante et douce de la mère de toute chose, en se répandant dans l'espace environnant dans un doux fracas, semblable à celle des vagues s'échouant sur des rochers.

- Je ne comprends vraiment pas ce que vous me dites-là ! Je ne me souviens pas avoir emprunté une voie quelconque, réplique naïvement l'ancêtre, alors persuadée qu'il s'agissait d'un chemin matériel.

- Ce chemin dont je te parle, tu l'as emprunté chaque fois que tu t'es ouverte de manières diverses aux réalités du monde dans lequel tu évolues corporellement. Ton aptitude naturelle à te rapprocher des animaux, à rechercher les secrets dissimulés au cœur même des choses qui existent autour de toi, ta volonté de t'alimenter de façon à ne plus dépendre uniquement des nourritures matérielles, ton envie de t'instruire à propos de toutes ces choses auxquelles tes congénères ne trouvent pas de véritable intérêt, constituent autant de pas qui t'ont ouvert la voie vers ce qui advient maintenant, lui explique patiemment Aï.

Interloquée, Zelta promena un regard lent et incrédule tout autour d'elle, comme perdue, cherchant un repère sûr auquel se rattacher pour ne pas perdre pied avec la réalité qui semblait lui échapper complètement, d'une étape à l'autre. Des profondeurs du boyau qui s'ouvrait continuellement sur d'innombrables voies de traverse, tel un gigantesque labyrinthe, surgit alors un être rubicond, aux formes généreuses, et à l'air plutôt avenant. Son visage plein, autant que ses lourdes mamelles, gorgées de lait, qui descendaient jusqu'à son nombril, offrait l'image rassurante d'une mère généreuse. Ses bras, ses cuisses, ses jambes et toute sa personne bien en chair étaient de la couleur même de la terre noire, si fertile. Et l'être étrange se tenait, là, assis, devant l'aïeule.

- Tu ne vois là que l'une de mes apparences possibles. Je me présente à toi, aujourd'hui, sous la forme de l'abondance, car je suis avant toute chose, la mère nourricière. Je sais que tu t'interroges encore à propos de ce que je viens de te révéler. Mais, viens donc, approche, à présent, et tête mon sein gauche, lui intima-t-elle alors.

Zelta s'approcha sans discuter de la créature ainsi matérialisée, bien que d'un pas hésitant. Elle s'agenouilla à ses pieds, tendit la tête et l'inclina de façon à trouver une position confortable, puis s'empara du mamelon ferme qui lui était offert. Ses lèvres se refermèrent doucement sur le sein de la déesse-mère et elle se mit à le téter goulûment, sans plus réfléchir, en toute confiance, tel un nourrisson. Aï la laissa se désaltérer en silence. Le lait qui coulait dans la bouche de Zelta avant d'aller se répandre en elle avait la délicate saveur du plus précieux des nectars. Jamais l'ancêtre n'avait goûté à une chose aussi bonne. Elle s'en abreuva donc avec ravissement, à n'en plus pouvoir. Aï, lui releva la tête, avec tendresse, dès que Zelta acheva de se repaître de son lait. Elle plongea encore son regard, aussi profond qu'un puits sans âge, dans les prunelles encore luisantes de contentement de l'ancêtre, puis elle lui dit pour finir :

- Vois-tu ma fille, ce lait que tu viens de boire est celui de la connaissance. À présent, je coule en toi, de la même façon que le sang qui t'est vital. Il te suffira de me rechercher en toi, chaque fois que cela te semblera nécessaire pour me trouver, désormais. »

Le soir avance déjà avec une vive ardeur et le jour est sur le point de céder place à l'obscurité. Le ciel s'apprête à virer au noir le plus complet, partout, dans le royaume de Knoryl. Kanun sort de sa grotte secrète, après avoir bien inspecté les abords de son refuge, il s'assure que nul danger ne semble le guetter et se glisse rapidement le long de la paroi rocheuse qui court sur quelques dizaines de mètres, avant de se perdre vers l'arrière du pays. Le bruit assourdissant des vagues qui se brisent ici et là, avec force, contre le flanc des collines accompagne ses pas fuyants. Il grimpe rapidement le sentier escarpé qui conduit vers la cité et manque de tomber à la renverse lorsqu'une main accroche soudainement son bras gauche et l'attire vers l'arbre colossal derrière lequel elle se retire. Le serf se retrouve alors nez à nez avec Houédassou, qui ne dissimule guère son contentement face à l'effet de surprise qu'il vient de produire sur le pauvre homme. Kanun, tombe à genoux, à ses pieds, et le supplie de le laisser sans aller, d'une voix insistante et peinée. Mais l'homme du Vangal appose une main vive et ferme sur sa bouche, lui intimant ainsi le silence :

- Eh, mon brave, cesse donc de gémir de la sorte comme une fillette ! Ne sommes-nous pas ici entre hommes, toi et moi ? Alors, comportons-nous comme tels, lui intime-t-il. Puis il ôte sa main de son visage et lui laisse le temps de se calmer, en voyant à quel point l'homme écroulé devant tremble et semble terrorisé.

- Kanun, c'est bien comme cela que tu t'appelles... ? lui demande-t-il, au bout d'un moment.

Le serf hoche la tête en guise d'assentiment, sans lever les yeux vers celui qui s'obstine à le poursuivre depuis quelque temps, dans un but qu'il ne souhaite pas connaître, vraiment.

- Moi, c'est Houédassou, tu te souviens ? Je suis ton ami, je te l'ai déjà dit. Tu n'as donc pas à trembler en ma présence comme tu le fais.

- C'est que l'on m'attend dans la cité et que mon absence risque de me porter préjudice, si je ne me dépêche pas d'y retourner.

- Soit, je te laisse aller. Mais auparavant, promets-moi de me retrouver dans ta grotte demain soir.

- Puisque je n'ai pas le choix, j'y serai. Maintenant, je vous en conjure, laissez-moi partir.

- Va, et n'oublie pas : demain soir dans ta grotte, après ton service, lui rappelle Houédassou de sa voix grave aux inflexions quelque peu menaçantes.

Kanun se sauve prestement, dès qu'il parvient à s'établir sur ses jambes, sans se retourner. Houédassou sort de sa cachette peu de temps après, et se dirige à pas lents vers le Knorylsea, tout en repensant à la réaction du serf. Décidément, ces hommes pitoyables asservis aux amazones sont bien craintifs et peu

177

disposés à prendre leur destinée en main, ne peut-il s'empêcher de se dire, à mesure qu'il avance vers les lieux habités où brillent les lueurs plus ou moins vives de centaines de lampes à huile.

Le lendemain, Kanun essaye de ne pas trop penser à ce qui l'attend. Il se montre d'une maladresse inhabituelle et subit même le regard dédaigneux de l'une des suivantes de Blisskiss, après avoir renversé une partie de la sauce qu'il lui sert. Le serf s'éclipse enfin, dès qu'il sent que plus personne n'a besoin de lui. Il fait un détour par le quartier réservé à ceux de sa condition, puis il se faufile habilement dans la broussaille qui borde le chemin menant à la plage. Le serf réfléchit à vive allure, tandis qu'il grimpe le long de la pente qui mène au sommet de la colline, dont il redescendra l'autre versant afin de se rendre dans sa grotte. Il a hâte d'en finir au plus vite avec cet étranger qui l'empêche de dormir convenablement, depuis qu'il a découvert son secret et qu'il s'est adressé à lui en des termes qui ne pourront que lui attirer des ennuis. L'humeur au plus sombre, le cœur cognant au fond de sa poitrine avec plus d'ardeur que d'habitude, le pauvre homme essaye de rallier le lieu prévu pour la rencontre avec Houédassou, bien malgré lui. Ses pieds avancent, presque machinalement sur ce chemin qu'il connaît bien, et il ne fait guère attention aux ronces qui égratignent au passage ses mains qui se tendent, de temps à autre, pour repousser les touffes herbeuses qui le gênent. Au milieu de la pente, l'homme du Vangal surgit une fois de plus, à l'improviste, et attire Kanun derrière le buisson qui le dissimulait à la vue. Le serf, abasourdi, ne cherche même plus à comprendre. Il s'agrippe à une branche et se tient tout contre le végétal, comme si ce dernier avait la capacité de le soustraire à la volonté de l'homme qui lui fait face à présent. Accroupi, un genou posé au sol pour s'assurer un équilibre sommaire sur ce terrain incertain, le rescapé lève les yeux vers Kanun, après s'être assuré que celui-ci ne risque pas de basculer dans le vide. Puis il lui parle à voix basse et mesurée :

« Écoute, mon ami, nous n'avons plus trop de temps devant nous. Il faudra agir rapidement, dès que possible, et j'ai besoin de savoir si je peux compter sur les tiens et toi ! », annonce-t-il tout en fouillant de ce regard perçant et redoutable, qu'il affiche parfois, celui effrayé et fuyant du serf, à présent, larmoyant. Que veut donc dire cet homme qui n'a cessé de l'assaillir d'idées aussi perturbantes que dangereuses, depuis la première fois qu'il s'est approché de lui ?

- Voilà, j'ai un plan. Nous devrons profiter de la soirée prévue pour célébrer l'initiation des jeunes amazones pour passer à l'acte. Tu n'auras qu'à bien m'écouter et à suivre mes instructions et tout ira bien, ajoute-t-il encore, tandis que Kanun ne sent déjà plus ses jambes qui flageolent sous lui de plus belle.

- Non, je ne veux pas d'ennuis, je... je..., parvient-il seulement à balbutier, sans pouvoir achever sa phrase.

- Comment ? Tu préfères végéter dans ta condition de serf, à vie, telle une larve rampante, alors même que je t'offre la possibilité de devenir un homme libre, s'emporte à présent Houédassou, qui avait pourtant réussi à se contrôler jusqu'alors, de façon re-marquable.

Mais Kanun ne l'écoute déjà plus. Il éprouve la nette sensation qu'un affreux tambourinement fait rage dans sa tête. Un afflux de sang massif et rapide dans son cerveau, alors surmené, le met au supplice et l'empêche tout bonnement de raisonner de façon convenable. Il se li-bère nerveusement de la branche, tombe à terre et se prend la tête entre ses mains, fébriles, malgré la fraîcheur du soir tombant. Puis il commence à se ba-lancer d'avant en arrière, dans un mou-vement rythmique d'une surprenante ré-gularité. Ainsi bercé par cette gestuelle qui lui procure vraisemblablement une sensation brève de réconfort, le serf s'isole de tout ce qui l'oppresse, momen-tanément, et ne cherche même plus à comprendre ce que lui dit l'homme qui se trouve à côté de lui. Houédassou pose sa main gauche sur l'épaule droite de Ka-nun et le secoue un peu, en espérant le faire émerger de la torpeur dans laquelle il s'est retranché. Le léger crissement d'une brindille se fait alors entendre et le force à suspendre son geste. À présent aux aguets, il se lève à moitié et scrute les environs d'un œil alarmé, tout en prenant soin de se tenir à l'abri du buisson. Le serf semble avoir également perçu ce détail inquiétant, malgré son état léthargique. Il se dresse subitement sur ses jambes, comme il peut, et décampe tel un dément, avant même de comprendre d'où provient ce bruit. Houédassou ne peut le retenir, car il tient lui-même à peine en équilibre dans la position précaire que lui impose ce terrain en pente, pour le moins accidenté. Il se replie donc, prudemment, derrière la végétation et décide d'attendre l'obscurité pour en émerger. Il pourra alors se frayer un chemin vers la cité, à la faveur de la faible clarté de la demi-lune qui ne saurait tarder à se montrer.

Kanun court sur le chemin rocail-
leux dans le sens inverse de celui qu'il
avait déjà emprunté tout à l'heure. Une
seule envie le taraude maintenant avec
insistance, comme une idée fixe : rejoindre les siens au plus vite, dans leurs
quartiers, au cœur de la cité. Se mettre à
l'abri du danger. Mais il aperçoit, soudain, la suivante de Blisskiss qui l'observe, le corps tranquillement appuyée
contre un rocher, tandis qu'il se trouve
encore sur les hauteurs. Le serf se rap-
prochait d'elle dans sa course folle vers
siens, sans s'en rendre compte, jusqu'à
ce qu'il remarque sa présence. Il s'arrête

aussi vite qu'il le peut, ne pouvant se permettre un arrêt brusque sur ce sentier escarpé, observe plus attentivement l'amazone qui ne le quitte pas du regard et semble l'attendre patiemment.

Sans plus réfléchir, Kanun fait un geste de côté, prend de la vitesse et se jette dans le vide, sans un cri, en moins de temps qu'il n'en fallait pour deviner ses intentions. L'amazone s'en retourne alors en direction du Knorylsea au pas de course.

Toujours planqué derrière sa cachette de broussaille, Houédassou ne se doute nullement du drame qui vient de se jouer. Il réfléchit déjà à ce qu'il pourra avancer, si la situation lui imposait de se justifier. Après tout, n'avait-il pas le droit de se promener librement sur l'île ? Il prétendrait n'avoir fait qu'une rencontre fortuite avec le serf, si on le lui reprochait. Le hululement surprenant d'une chouette l'arrache à ses pensées et il se décide finalement à rejoindre la cité. Seule la rumeur des vagues qui vont et viennent, peu importent les humaines humeurs, accompagnent alors ses pas lourds et moins assurés qu'auparavant, dans son cheminement vers la cité des vivants. Kanun n'est plus, mais l'homme du Vangal ne le sait pas encore. Quoi qu'il en soit, il se promet de s'en sortir indemne, tel le fennec aux mille ruses, aguerri aux mille dangers du désert.

Douze amazones fortement armées entourent déjà la demeure dans laquelle logent les hommes du Vangal, dès lors que Hoda, l'espionne chargée de suivre Houédassou, a fini de faire son rapport à Sica. Celle-ci, ayant toute la confiance de Blisskiss la somme de mettre immédiatement les étrangers sous bonne garde et d'empêcher le traître de s'enfuir. Deux amazones, disposées en embuscade arrêtent Houédassou à l'entrée de la cité, avant même qu'il n'approche du lieu de résidence réservé aux siens autant qu'à lui. Il les suit sans protester, sachant qu'elles ne daigneront même pas l'écouter. Sa seule chance reste Ankora. Elle seule pourra faire entendre raison à la raison et obtenir sa liberté, se dit-il sans

185

toutefois trop y croire. Il a aimé jouer avec le feu et, à présent, les flammes du foyer qu'il a fièrement allumé s'élèvent gaîment, prennent de la hauteur à une allure fulgurante et semblent vouloir le consumer dans leur folle danse.

Ankora est demandée au palais, où l'attend sa mère, dans l'intimité de sa chambre. Les deux gardes qui se tiennent habituellement devant sa porte ont pris congé à la demande de Sica, qui a pris leur place pour s'assurer de la totale discrétion de la conversation qui aura lieu entre Blisskiss et sa fille. L'heure est grave et le moindre faux pas peut coûter cher autant à la mère qu'à la fille. La première ne peut se permettre de laisser planer le moindre doute sur son intégrité, tandis que la seconde risque la peine de mort, si elle se trouve accusée de traitrise.

Ankora s'étonne de la présence inhabituelle de Sica, en poste de garde devant la chambre de sa mère, dès qu'elle
l'aperçoit à l'entrée du couloir qui conduit aux appartements de la reine. Son
pas s'alourdit instantanément. Elle lance
un regard circulaire aux alentours,
comme pour détecter un indice quelconque, elle s'avance vers la favorite de
la reine. La jeune fille s'incline naturellement devant Ankora, comme il se doit en
présence de toute amazone gradée ou
membre de la cour. Sica la salue en retour et lui ouvre la porte :

- Entre, Ankora, ta mère t'attend.

Blisskiss ne cesse d'arpenter la
chambre de long en large, malgré la présence d'Ankora qu'elle vient de voir entrer. Elle l'ignore pendant un moment,
perdue dans ses pensées, se demandant
probablement par où commencer ce face
à face qui n'aura rien de commode. Elle
revient vers sa couche, au bout d'un bref
moment, qui semble une éternité pour
celle qui l'attend en se posant mille questions sans réponse. La mère s'approche
de sa fille, qui réitère la révérence qu'elle
lui avait déjà offerte et à laquelle elle ne

lui a pas répondu. Blisskiss s'assied sur son lit, fait signe à Ankora de s'approcher et de prendre place à côté d'elle, d'un geste de la main. Celle-ci s'exécute, sans discuter, comprenant instinctivement que quelque chose de grave préoccupe l'esprit de sa mère. Elles n'ont jamais été proches, l'une de l'autre, conformément au code de conduite des amazones. Pour autant, elle n'en estime pas moins la force de caractère ainsi que la belle prestance de celle qui fait trembler hommes et femmes par-delà monts et collines, bien au-delà des frontières de l'île du Knoryl. Son inquiétude vient surtout du fait qu'elle ne l'avait jamais vue ainsi agitée.

- Ankora, ma fille, tu as été aperçue à maintes reprises en présence de l'un des étrangers qui vient d'être arrêté pour trahison. Il te faudra donc rendre compte de cette relation devant la cour et défendre ton honneur.

- Comment, ma reine ? De quoi m'accuse-t-on, de traîtrise ou d'avoir été vue en compagnie du supposé traître ?

- Il en va de ta vie, Ankora ! Ne joue pas à la maline, tu risques de perdre bien plus que tu ne le crois et ma position ne te sera d'aucune utilité, si tu te trouves impliquée dans cette affaire d'une quelconque manière.

- Je suppose qu'il s'agit de Houédassou, l'homme du Vangal avec lequel je me suis trouvée en maintes occasions.

- Il en est ainsi, effectivement. À présent, dis-moi en toute sincérité. Que faisais-tu avec cet homme et que projetait-il contre le royaume.

- Mère, je ne faisais que m'amuser en bonne compagnie, rien de plus.

- Rien de plus... pourtant cet homme s'est entretenu plus d'une fois avec Kanun, l'homme qui se trouvait à la tête des serfs. Le pire, c'est que ce dernier vient de se suicider en se jetant du haut des falaises qui bordent la cité, dès qu'il s'est rendu compte qu'il a été découvert.

Les yeux écarquillés, la bouche ouverte sur un son d'étonnement qui ne sort même pas, Ankora prend la pleine mesure de ce qui se passe alors. Elle comprend mieux l'attitude de sa mère et se tait un instant, le temps de rassembler ses esprits. Puis elle lui répond, après avoir rapidement fouillé dans sa mémoire :

- Cet homme, il est vrai, me parlait souvent de choses étranges auxquelles je n'accordais guère d'importance. Il s'étonnait du fait que je ne le préfère pas à tout autre et m'entretenait de ces contrées où l'homme ne peut prétendre qu'à une seule épouse.

- Mais encore... ?

- Il m'a aussi dit que je ferais une reine formidable, mais cela n'avait rien de sérieux, mère ! J'ai même pensé qu'il s'agissait du discours d'un homme épris, tentant tout ce qu'il est possible de faire afin que je renonce à tout pour le suivre.

- Tu ne t'étais pas dit qu'il essayait peut-être de t'amadouer pour mieux te monter contre moi.

- Cela n'a guère de sens puisqu'il sait à quel point je suis dévouée à la cause des miennes, chose que je n'ai cessé de lui répéter.

- Je te crois, ma fille ! Il te faudra redire ceci aux membres de la cour qui choisiront de te blanchir dans cette affaire ou de te faire passer par l'épreuve de vérité dont tu sortiras vivante, ou non, selon la décision du sort.

- Je n'ai pas peur d'affronter l'épreuve de vérité, puisque je suis innocente, ma reine.

- Ta jeunesse t'aveugle et te fait croire que tu es indomptable. Sache néanmoins que mêmes les amazones les plus aguerries tremblent face au terrible jugement de l'occulte.

- Je n'ai pas d'autre choix, ma reine et je saurai te faire honneur, quoi qu'il en soit !

- Viens-là, ma fille, l'implore alors Blisskiss d'une voix étranglée.

Ankora se rapproche de sa mère, se laisse glisser à terre, entre ses jambes, et pose doucement sa tête tout contre le ventre maternel. Blisskiss caresse longuement les cheveux et le visage de sa fille, comme pour la rassurer et lui donner la force nécessaire pour affronter les évènements à venir. L'espace d'un instant, elle oublie qu'elle est une amazone ou encore reine. Seul le balancement rythmique de ses bras enlacés autour de sa fille, qui repose tout contre elle, ose briser le silence lourd des mystères qui échappent à l'entendement du commun des mortels, que tous aimeraient pénétrer, pourtant.

- Va te reposer, maintenant. Demain commence ton véritable combat, murmure enfin la reine à sa fille, tout en s'efforçant de détacher ses bras d'elle, sans fondre en larmes.

- Ne t'inquiète pas tant pour moi, Hushka. Je suis innocente et je serai sauvée. Il en sera ainsi !

- Puissent les dieux t'entendre, ma fille, puissent les dieux t'entendre ! énonce alors la voix faible et comprimée de Blisskiss.

Ankora embrasse les mains de sa mère, l'observe encore un moment, avec une tendresse dont elle ne se sentait pas capable jusqu'alors. Puis elle s'en retourne chez elle, le cœur lourd et la tête en feu, tout en repensant à ce moment aussi étrange que riche en émotions.

La princesse est dans la salle du trône, face au jury composé de toutes les conseillères de sa mère, qui n'a pas droit au vote dans ce cas précis, du fait que le sort de sa propre fille se trouve en jeu. La jeune femme se tient droite et fière en présence de ses pairs. Sica ouvre la séance :

« Amazone Ankora, les accusations qui pèsent sur toi sont graves. Tu devras donc en répondre devant cette assemblée, en n'oubliant pas ce qu'elles peuvent te coûter. À présent, dis-nous si tu as quelque chose à voir avec la conspiration fomentée par l'étranger du nom de Houédassou ?

- Non, sur ce que j'ai de plus cher, sur ma vie même, je n'ai rien à voir avec tout ça ! répond aussitôt l'accusé, d'une voix claire et sûre.

- Pourtant, on t'a souvent vue en sa présence, ici et là.

- Effectivement, j'ai souvent profité de la présence de cet homme qui me faisait une cour assidue. Pour autant, je ne l'ai jamais inspiré ni même encouragé d'une quelconque façon dans les plans qui étaient les siens et dont j'ignorais l'existence autant que la nature.

- Étais-tu au courant de ses desseins, amazone ? exige Honan, à son tour.

- En aucun cas ! Il lui arrivait de me parler des mœurs des gens des contrées lointaines, de sa grande dévotion pour moi mais pas de sa volonté de renverser l'ordre des choses dans notre royaume.

- Nous en avons assez entendu. À présent, nous devons voter. Que celles qui sont convaincues de l'innocence de l'accusée lèvent le sabre, déclare Sica en se tournant vers les autres membres du jury. Son regard survole rapidement la personne de la reine qui se tient dignement assise sur son trône, essayant de ne rien laisser transparaître du trouble qui fait pourtant rage dans son esprit.

La majorité des sabres fendent l'espace vers le haut, à l'exception de celles de Sica et de Honan.

- Bien, le verdict est clair. Amazone Ankora, tu dois te soumettre à l'épreuve de vérité, selon le rite établi par nos aïeules. Je te conseille de rester à jeun jusqu'à ce soir afin de purifier ton esprit. Que les dieux soient avec toi ! annonce enfin Honan, la doyenne.

Ankora se retire lentement de la pièce, après avoir lancé un regard surpris, laissant percer une franche incompréhension à l'ensemble de ses juges. La reine accepte la décision de ses consœurs, sans sourciller, et gère les affaires de la cour comme à l'accoutumée, pendant le reste du jour.

Néanmoins, le soir venu, elle va retrouver sa fille avant qu'elle ne soit conduite dans la grotte sacrée, où l'attend une bien terrible épreuve. Blisskiss observe longuement sa fille, s'imprègne de chacun des détails de sa personne qui la rendent si unique, puis elle la prend dans ses bras avec la force de l'amour maternel, ici, soudée à celle du désespoir, de façon indissociable. Sans témoin et sans mot dire, la mère et la fille partagent ce moment intime qui les unit en cet instant précis, plus qu'en tout autre, jusqu'alors, par-delà tous les liens. Puis Blisskiss s'en va, aussi discrètement qu'elle est venue.

Les prêtresses viennent chercher Ankora, dès la tombée de la nuit, avant que le noir n'étende son empire souverain sur tout ce qui se trouve sur son chemin. Une lune blafarde et lointaine peine à se frayer un chemin à travers l'amas de nuages sombres qui affluent en grandes processions autour d'elle. Entourée de Honan et de six autres prêtresses, l'accusée traverse la cité et se dirige vers la porte sud, à l'écart des lieux habités. Une bonne heure de marche plus tard, leurs pas les conduisent à l'entrée d'une grotte étrange dont l'entrée basse et étroite oblige le corps à s'y introduire en s'abaissant et presqu'en rampant. Sur le seuil de la grotte, Honan prononce quelques paroles mystérieuses, purifie les lieux en lançant de pleines poignées d'une poudre blanche à l'intérieur de la cavité et aux alentours. Puis elle fait une libation aux dieux, tout en prononçant une incantation magique dans une langue bizarre, qui ne ressemble à aucune de celles que parlent entre eux, habituellement, les humains. Elle fait signe à Ankora d'approcher et lui ôte ses vêtements, jusqu'au dernier. Puis elle lui montre l'entrée de la grotte et lui ordonne d'y entrer. Ankora obéit à Honan, après avoir jeté un dernier regard triste autour d'elle. Elle ne panique pas, bien qu'elle tremble de la tête aux pieds, en pénétrant dans cet antre sinistre dont l'atmosphère ténébreuse, saturée d'une odeur, ni désagréable ni commune, impose naturellement de franches réserves. Un silence lourd, presque palpable, l'entoure aussitôt de son voile épais, tressé des fils invisibles de l'épouvante et du vide. La jeune femme sent une sueur froide perlée sur son corps hérissé de frayeur, malgré la fraîcheur du lieu qui glace le sang. Elle avance à pas mesurés et lents, jusqu'à ce qu'elle se trouve dans un coin à peu près commode. Elle s'assoit enfin, à même le sol dur et étrangement tiède, puis elle se replie sur elle-même dans la position du fœtus et pleure tout son saoul, à l'abri de toute présence humaine.

Avec ce silence bizarre qui glace le sang et la terreur, pour seule compagne, l'amertume que l'on éprouve face aux grandes injustices ronge le cœur de la jeune femme qui attend, ici, l'inévitable épreuve qui scellera son sort, bien avant l'aube. Elle sanglote un bon moment puis finit par sombrer dans un sommeil lourd, sans rêve, aux contours sans cesse mouvants. Une étrange sensation la réveille pourtant, un peu plus tard. Dans cet antre ténébreux où même la flamme des torches aurait peur de s'aventurer par peur de s'y étouffer en un rien de temps, une lueur venue dont ne sait où l'enveloppe et taquine à présent de ses reflets changeants ses paupières encore endormies. Ankora n'ose ouvrir les yeux, malgré l'espoir qui naît soudainement en elle et lui fait espérer un sort quelque peu clément. Mais une voix puissante, belle et envoûtante s'élève et s'impose, l'obligeant à s'éveiller tout à fait.

« Ankora, regarde-moi, puisque tu es là, en ma présence ! Je sais qui tu es, je sais tout de toi.»

Elle ouvre enfin les yeux et voit, en suspension dans l'espace, entre le plafond et le sol, un grand serpent multicolore qui se tient en cercle, sa tête posée au-dessus de sa queue. Sa peau brille et émet des reflets qui changent continuellement, et on dirait que cet être étrange est tout illuminé de l'intérieur. L'amazone l'observe, médusée, et ne sait plus que faire ni que dire.

- Viens ! lui intime simplement la voix, à nouveau.

Aussitôt, le serpent s'incline vers le bas et dessine une ouverture circulaire, comme pour matérialiser une porte sans corps, sans poignée ni serrure, puis il disparaît soudainement de sa vue. À l'endroit où il se tenait, cette sorte d'entrée toujours éclairée est de nouveau visible. Ankora réfléchit un instant sur l'attitude à adopter. « Dois-je prendre le risque de suivre cette chose bizarre, qui me semble plutôt bénigne, ou rester dans ce trou noir dont je ne peux rien espérer ? », se demande-t-elle perplexe. Elle scrute encore les ténèbres environnantes, en éprouve un vif dégoût et, sans plus hésiter, elle se dirige vers la porte immatérielle qui l'aspire aussitôt qu'elle s'en approche. Elle se retrouve alors dans un univers étrange, à l'atmosphère plutôt sombre brumeuse. Des êtres à l'agonie y évoluent en traînant avec eux leurs indéfectibles souffrances. Une femme, probablement une veuve, tend des mains désespérées dans sa direction, l'implorant de l'aider. Ankora se précipite vers elle, prompt à la secourir. Mais, avant même qu'elle ne la touche, la femme pousse un cri horrible, tout se retournant. Le regard de l'amazone suit le mouvement de cette sorte de créature damnée et, ce qu'elle voit la fait reculer d'épouvante aussitôt. Un garçonnet, agrippé à la longue jupe crasseuse et froissée de cette femme, vient de soulever ce vêtement et il lui mord les fesses et en recrache la chair sanguinolente, tout en riant aux éclats. La femme lui jette un regard mauvais qui laisse néanmoins voir la honte qu'elle dissimule et protège, malgré tout.

Ankora s'éloigne d'eux, prudemment, et poursuit sa route, tout en recherchant inévitablement la présence rassurante du serpent aux mille reflets fabuleux.

Elle n'a pas fait cent pas qu'elle tombe sur un vieil homme décharné, couché sur le flanc, le long d'un sentier visiblement visqueux et sombre. L'homme gémit sans cesse et se plaint de mille maux insupportables qui semblent le terrifier.

« Comment puis-je vous aider, grand-père ? », l'interroge Ankora, sans hésiter, tout en se tenant à distance raisonnable. Elle n'a pas oublié la leçon issue de l'étonnante expérience qu'elle vient de vivre.

- Grattez-moi donc un peu le dos, mon enfant. Cela me soulagera de quelques vermines pour un moment, lui répond hardiment le vieillard, qui semble avoir recouvré toute sa vigueur en un instant.

Mue par la prudence, Ankora s'empare d'une branche feuillue et la passe sur le dos du souffreteux. Celui-ci essaie de s'en emparer avec force, et cherche à attraper la jeune femme par la même occasion. L'amazone laisse alors tomber cette sorte de brosse improvisée et se sauve, vite, avant que l'homme ne puisse se saisir d'elle. Elle jette néanmoins un regard en arrière avant de disparaître tout à fait de sa vue. La princesse le revoit alors tout rajeuni, mais toujours avec sa tête vieillie, aux orbites démesurément creuses. L'homme s'arrache à présent ses yeux visqueux et pâles, les mange, puis il grandit, de nouveau, en un instant.

Ankora s'enfuit, emplie d'effroi. Elle se demande à présent la raison pour laquelle le serpent l'a séduite pour la conduire ensuite dans ce monde dément, où rien n'est sûr et dans lequel tout semble trompeur. Au détour d'un sentier, ses yeux tombent sur un spectacle tout aussi ahurissant. Des milliers d'hommes et de femmes se battent entre eux, s'infligent mille blessures mortelles, dont ils souffrent visiblement, implorant indéfiniment la mort pour qu'elle vienne les délivrer de ce grand malheur. Mais la mort, elle-même, semble n'avoir aucun pouvoir dans cet endroit infernal et elle ignore purement et simplement leurs appels insistants avec un dédain sidérant. Certains d'entre eux aperçoivent Ankora. Ils interrompent aussitôt leurs agressions assassines et se regardent entre eux, incrédules. Puis quelques-uns commencent à s'écarter de la masse infecte, sanguinolente et gluante de leurs semblables et se dirigent vers l'amazone. Pétrifiée et incapable d'ordonner à son corps de se sauver, l'esprit de la jeune fille les regarde avancer et elle demeure là, immobile, comme si elle n'était plus dotée de sa volonté propre. Ankora se voyait déjà enlevée puis associée à cet ensemble grotesque et immonde lorsque le cercle vivant qui l'avait invitée à le suivre dans la grotte réapparaît et s'enroule autour d'elle. La jeune femme se sent subitement propulsée en arrière, comme si une force phénoménale l'aspirait à travers un labyrinthe géant, aux contours indistincts. Un moment plus tard, elle se retrouve dans le même antre ténébreux où lui était apparu le serpent mystérieux. Cette fois-ci, elle découvre en face d'elle un reptile monstrueux, à l'aspect terrifiant. Mais celui-ci lui parle d'une voix grave et apaisante.

« Je suis le même que celui que tu avais vu au début. J'apparais aux gens sous la forme qui me plaît. Cependant, ma vraie nature apparaît toujours aux uns et aux autres, dans un premier temps, selon ce que leur nature profonde m'inspire. Si tu m'a vu sous une forme agréable, tout au début de notre rencontre, c'est parce que ton cœur est admirable et pur. Je savais déjà que tu allais triompher des épreuves qui t'attendaient dans le monde des ombres, avant de t'y envoyer. », lui affirme encore l'être fabuleux, avant de reprendre sa forme initiale et de poursuivre :

« Vois-tu, la vérité prend l'aspect qui lui convient le mieux. Ne te fie donc jamais aux apparences et vois toujours plus loin que ne portent les yeux. Ainsi, tu sauras toujours trouver ton chemin et t'ouvrir à ta propre vérité, par-delà celles des autres dont tu pourras alors aisément t'affranchir, si tant est qu'elles ne visent qu'à te détourner de l'essentiel. »

Ankora reste sans voix, l'espace d'un instant, puis sentant que l'être mystique s'apprête certainement à s'en aller, elle se lève instinctivement et tend les mains pour le caresser. Mais il se dérobe à elle et projette un influx électrique qui la touche sous l'aisselle gauche, tandis qu'elle a encore les mains levées vers le haut. La jeune amazone sent une chaleur douce et vive pénétrer sa chair. Lorsqu'elle regarde l'endroit précis où cela vient de se produire, elle constate qu'une marque colorée s'y trouve, tel un tatouage rituel. Ses yeux ahuris vont du dessein bizarre au serpent multicolore, laissant alors transparaître une muette interrogation.

« Je t'ai marquée du sceau des êtres jugés comme étant d'exception. Dorénavant, où que tu ailles, nul ne pourra ignorer que tu es ressortie victorieuse de la grande épreuve. Pardonne-moi de ne pas te laisser m'approcher comme tu le veux. Sache simplement que si je le faisais, tu te consumerais sur place, sur le champ. Quoi que je fasse, je ne peux te toucher sans te mettre en péril, belle Ankora. Maintenant, va, vis et sois digne du nom que tu portes, dès à présent, et que reconnaîtront, toujours, les seuls initiés dignes de ce nom. Ce nom te sera révélé bientôt par celui qui t'aimera plus que tout autre.», lui annonce encore le serpent mythique, avant de s'évaporer dans les airs, sans plus laisser de trace.

La jeune femme n'ose plus faire un seul geste. Elle reste-là, assise par terre, la tête blottie contre ses jambes, se demandant encore si elle venait de rêver ou non. Mais une douce chaleur s'échappe dès lors de l'empreinte laissée sur son corps par le serpent, l'obligeant à y porter la main, presque qu'aussitôt, lui rappelant incidemment l'existence de cette vérité résiduelle qu'elle ressent alors dans sa chair.

Des bruits de voix lointaines en provenance de l'entrée de la grotte la tirent de sa méditation. Elle se lève lentement, se frotte les jambes et les bras comme pour en ôter la poussière, et se dirige enfin vers l'origine des sons dont le volume enfle de plus en plus. D'un pas sûr et mesuré, Ankora traverse le chemin obscur, qui la sépare des voix, sans trébucher et sans se cogner contre les aspérités de la paroi irrégulière de la grotte. Lorsqu'elle parvient à plus ou moins six coudées de l'entrée, la première prêtresse qui la voit venir se met à hurler de terreur, aussitôt. Cela se peut-il qu'elle soit toujours vivante ? Est-ce vraiment elle ? Nulle n'a alors souvenance que quiconque soit déjà revenu de ce voyage indemne. Par ailleurs, les quelques rares à s'en être sortis se sont souvent avérés ou fous ou

complètement abrutis. Aussi, est-ce avec
une grande réserve et beaucoup de précaution que les prêtresses ouvrent la voie
à Ankora, dès sa sortie de l'antre de la
grande épreuve, sans oser l'approcher ni
la toucher.

Indifférente, la princesse fend l'espace devant elle, et se dirige en silence
vers le palais dans lequel elle apparaît
entière et fière, un moment plus tard.
Puis elle entre dans la salle du trône, et
se retrouve devant celles-là mêmes qui
l'avaient accusée à tort et injustement
sommée de se soumettre à ce terrible rituel, dont on revient rarement sans sé-
quelle. La princesse les observe les unes
après les autres, tranquillement, sans
rien dire. Elle les voit baisser le regard,
honteusement, l'une après l'autre et,
toujours en silence, elle se dirige enfin
vers sa mère, puis s'agenouille à ses
pieds, la tête baissée en signe d'allégeance. La souveraine des amazones se
lève dignement et vient entourer de ses
deux mains la tête de celle qui revient de
loin, en signe de bénédiction. Ankora
reste ainsi un instant, puis elle se lève
enfin, prend les mains de sa mère, les
embrasse, puis s'en va, aussi calme

qu'elle est venue. Un silence embarrassé et lourd succède au départ d'Ankora. Mais, la reine respire beaucoup mieux, à présent qu'elle est délivrée de l'innommable et terrible angoisse qui lui rongeait les entrailles pendant toute la durée de l'absence de sa fille, tandis que celle-ci affrontait le pire dans cette grotte de toutes les peurs. Plus que soulagée, elle revient rapidement à la gestion des affaires quotidiennes, et parle à l'assemblée de l'organisation de l'expédition prochaine, d'un ton ferme et rassurant. Sa fille disculpée, elle s'investit à nouveau pleinement dans sa charge de souveraine du royaume du Knoryl, d'un cœur léger mais de façon toujours aussi remarquable.

Blisskiss se trouve seule avec Ankora, dans la chambre de la princesse. Sica et Zaïa, l'une des plus vaillantes des amazones, attendent dans le couloir, assises sur de hauts tabourets. La souveraine est heureuse de pouvoir revoir sa fille, d'avoir à nouveau le privilège de lui parler seule à seule. La mère s'assied sur le rebord du lit de la princesse, dédaignant les deux fauteuils confortables se trouvant aux coins de la pièce. Sa fille se glisse à ses pieds, après l'avoir accueillie et remerciée de sa présence. Ni l'une ni l'autre n'osent parler pendant un moment, tant l'émotion des retrouvailles qui les étreint est forte. La reine passe une main affectueuse autour du visage de sa fille, en redessine les contours racés, qu'elle admire un instant, puis elle se saisit de ses mains et se met à lui parler tout bas, d'une voix toute émue :

- Ankora, ma fille, tu reviens de loin et j'en rends grâce aux dieux. Je

te remercie de m'avoir lavée du désa-
veu de l'opprobre, en revenant victorieuse de cette épreuve terrible qui t'a
été imposée. Je n'ai jamais douté de
toi, sache-le.

- Merci, ma reine. Ta confiance
m'émeut et m'honore. Je suis si na-
vrée de t'avoir causé tant de peine.
J'aurais dû me méfier de l'étranger, je
me suis montrée trop légère et je le dé-
plore véritablement, à présent.

- Ceci appartient déjà au passé.
Les choses d'hier ne sauraient nous
empêcher de progresser. Ce serait par
refus d'en tirer leçon, sinon.

- Merci de tant d'indulgence,
Hushka ! accepte Ankora, tout en ra-
valant ses larmes du mieux qu'elle le
peut.

D'une voix plus assurée et bien plus
sereine, Blisskiss s'adresse à nouveau à
la rescapée de la grande épreuve :

- À présent, Ankora, écoute-
moi ! N'oublie jamais que tu es amazone. Tu es une amazone de la lignée
de Laskyl, la première qui nous a
montré et ouvert le chemin de la liberté. Son combat fut noble et grand,
il nous a permis de vivre en êtres

libres, depuis si longtemps. Agissons donc toujours, pour que son combat et les nôtres ne soient jamais vains. Souviens-toi toujours des exploits de ton ancêtre Laskyl et de ceux de toutes celles qui l'ont suivie. Souviens-toi surtout de la duplicité du cœur de l'homme. La plupart des mâles de cette espèce, dite humaine, n'agissent souvent que pour assouvir leurs propres desseins. Le sort de la femme n'est jamais que secondaire dans l'esprit de ceux qui la tiennent pour moins que rien et qui la traitent en conséquence, pire qu'une bête. Ne leur accorde jamais ta confiance, ma fille, si tu ne veux te réveiller par un beau jour avec la désillusion et l'amertume, si ce n'est la mort, pour seules compagnes.

La tête penchée, les yeux grands ouverts, la princesse écoute sa mère avec la plus grande attention, et semble s'imprégner de chacune de ses paroles, comme si elle les imprimait toutes au plus profond de son cœur, de façon indélébile.

- À présent, va chercher Sica et Zaïa qui attendent dehors, Ankora.

La fille se lève à ses mots, aussi leste et vive qu'une panthère, et agit selon la demande de sa mère. Sica entre, la première, suivie de Zaïa. Les deux amazones s'inclinent naturellement, dès lors qu'elles se retrouvent en présence de la reine.

- Approchez donc, mes amies, venez, asseyez-vous ! les invite l'amazone en chef.

Zaïa rapproche les deux fauteuils du lit où se trouve Blisskiss. Ankora s'assied à son tour à côté de sa mère. Les flammes dansantes des deux lampes disposées dans des alcôves éclairent la pièce d'une lueur douce et faible. Des ombres mouvantes animent la surface sombre des murs de leurs mouvements qui varient, sans cesse, au gré des mouvements des flammes. Dehors, les rumeurs de la cité s'essoufflent telles celles des vagues se retirant à marée basse, laissant place aux murmures inquiétants ou paisibles, selon l'épaisseur des ténèbres dont s'habille la nuit.

- Zaïa, raconte ton histoire à la princesse, je t'en prie, demande Blisskiss à l'amazone qui vient d'entrer

213

dans la chambre, accompagnée de Sica, sa conseillère et favorite.

- Oui, ma reine ! acquiesce la femme, qui se racle la gorge, toussote un peu, fixe le regard sur un point vague au fond de la pièce, derrière celles auxquelles elle s'adresse, puis elle se met à parler d'une voix sourde :

« Je vivais dans une contrée éloignée, sur les terres où les gens ne savent rien de la mer ni des peuples qui habitent sur ses côtes ou sur ses îles. Les miens en avaient une vague idée, sans plus. Là d'où je viens, les hommes sont les maîtres absolus en tout. Ils ordonnent, et les femmes n'ont plus qu'à obéir. Mêmes leurs mères s'inclinent face à leurs folies. Ils décidèrent donc de couper la tige centrale du sexe des jeunes filles pour des raisons plus que déplorables. Selon eux, la femme ne devrait servir qu'à assouvir leurs plaisirs à eux, sans jamais songer à en tirer quelque profit. Autrement, cela risquerait de la pervertir, de la détourner du droit chemin. Mais cela ne les empêchait pas de prendre plusieurs épouses sous un même toit, de passer de la couche de l'une à celle de l'autre, en toute légitimité, sans état d'âme et d'exiger tout d'elles. Autant dire que le respect de la femme, ils ne savent pas ce que c'est et ne veulent même pas en entendre parler. Moi, j'ai refusé de me laisser faire. Je ne voulais pas qu'on me coupe en cet endroit, dans ma chair, alors j'ai tenté de fuir dès que j'ai su que je ferais partie du lot de celles qui étaient prédestinées à ce triste sort, à la prochaine lune. Mais ils m'ont rattrapée et punie. J'ai été tabassée, puis recluse, des jours durant, en attendant qu'ils décident de mon sort. Je devais me soumettre ou mourir pour que cela serve d'exemple à toutes celles qui s'aventureraient à vouloir suivre mes pas. Mais, résignée, je leur répétais sans cesse que je préfèrerais mourir dix mille fois, plutôt que d'accepter d'être ainsi mutilée.

Un jour, alors qu'on me conduisait sous bonne garde au bord de la rivière afin que je m'y lave, un étranger s'intéressa à mon sort et proposa de m'acheter. Ils n'hésitèrent donc pas un seul instant et se débarrassèrent de moi, ainsi, contre quelques mesures de sel, faisant d'une pierre deux coups. Mon maître me revendit à un autre, dès qu'on arriva chez lui après un long périple à travers le désert, que nous avions traversé au milieu d'une caravane. J'étais continuellement maltraitée et rabaissée au sein du foyer de mon nouvel acquéreur. Mais, un beau jour, les amazones ont fait escale sur les rives de ces terres étrangères, où j'étais esclave. La reine Blisskiss a eu pitié de moi et m'a rachetée à prix d'or à mon scélérat de maître... »

- Oui, mon regard a accroché le tien, triste, vide et sans espoir, tandis que nous faisions provision de vivres et d'eau sur le marché destiné aux voyageurs, à l'entrée de la ville, et je n'ai pu me résoudre à poursuivre mon chemin sans rien faire. Alors, j'ai proposé à ton maître de te racheter et il ne manqua pas de saisir l'aubaine, trop heureux de tirer profit de celle qu'il avait laissée dans un état qui laissait à désirer et dont nul autre n'aurait voulu, même comme esclave. Tu nous as rejointes et nous t'avons accueillie, soignée et intégrée. Depuis, tu es devenue l'une des nôtres, et non des moindres ! souligne la reine avant d'ajouter :

- Zaïa, explique donc à Ankora d'où vient la décision par laquelle ces gens imposent l'excision à leurs filles depuis tant de lunes, qu'on ne les compte plus.

L'amazone commence le récit de cette malheureuse histoire, à l'invitation de la reine :

« Il paraît qu'il y a longtemps de cela, deux frères, également princes, se partageaient le royaume d'où je viens. Ils partirent ensemble en guerre. De ce périple, l'un revint vivant et l'on ne sut pas ce qu'il était advenu du second pendant longtemps. L'épouse du disparu était fort belle et jeune, qui plus est. Sans nouvelles de son frère absent, au bout de quelques lunes, le roi la prit pour femme. Nul ne trouva à y redire, car tous pensaient ce dernier mort et perdu pour la communauté. Mais un beau jour, ce prince que l'on ne pensait plus retrouver fit de nouveau irruption, contre toute attente, à la stupéfaction générale. Magnanime, son frère qui régnait pourtant seul depuis, le rétablit dans ses fonctions et lui restitua son épouse, bien malgré lui, car il s'en était fortement épris. Cette affection s'avérait réciproque, malheureusement, avec de lourdes conséquences pour l'avenir, en ce qui concerne le sort d'innombrables femmes. Le prince nouvellement revenu retrouva son épouse, comme il l'avait exigé. Toutefois, il se rendit rapidement compte que celle-ci montrait peu d'entrain à partager sa couche, comme par le passé. À l'évidence, elle ne parvenait plus à se satisfaire de leurs ébats et son regard mélancolique en disait long sur cette vérité dérangeante qu'elle gardait pourtant silencieuse.

Le frère rescapé se sentit honni et trahi. Sa frustration s'accrut tant et si bien qu'il en arriva à tuer son aîné, qui l'avait pourtant traité avec générosité et bienveillance. Ce qu'il percevait comme un terrible affront était ainsi doublement vengé. Le frère mort n'aurait plus jamais l'occasion d'être l'amant de sa femme, et cette dernière n'avait plus que ses yeux pour pleurer, dans les rares moments de solitude qu'elle pouvait s'octroyer. Mais, au grand désespoir de toute la gente féminine, ce prince vindicatif ne s'en tint pas là. Comme il ne parvenait plus à trouver plaisir au partage de la couche des femmes, il décréta qu'il fallait les empêcher de s'adonner à l'acte sexuel avec délectation, afin d'éviter d'attiser leurs appétits pour la chose. Cela devait contribuer à prévenir les discordes sociales pouvant naître de la débauche. L'adultère et la concupiscence résultaient, selon lui, du regard aguicheur des femmes et de leur gourmandise déviante pour la chose sexuelle. C'en était fait de la paix enviable qui régnait en ce temps au sein de cette communauté dans laquelle, hommes et femmes jouissaient auparavant des joies de l'amour, sans considérations arbitraires ni contraintes contrenature. Depuis lors, les femmes pleurent encore les temps jadis où nul ne les incriminait d'aimer librement, selon leur nature. Mais rares sont celles qui se souviennent encore de l'origine véritable de ce rituel infâme par lequel on ôte impunément à la femme et sa dignité et sa capacité à jouir d'un bien dont la vie l'a naturellement gratifiée. Voilà mon histoire et celle de toutes ces femmes que l'on soumet encore aujourd'hui sur terre aux affres inhérentes à la folie des hommes. », achève d'expliquer l'ancienne esclave.

- Je te remercie pour ton témoignage des plus poignants, brave Zaïa. Merci, Hushka, merci à vous aussi

Sica d'être là. Jamais je n'oublierai ce que je viens d'apprendre ce soir, et je veillerai à ce que cela ne disparaisse jamais des mémoires, aussi longtemps que je vivrai, leur assure la jeune princesse, alors pétrie d'une vive émotion.

Son air grave et consterné ne manque pas de toucher celles qui se sont réunies autour d'elle ce soir pour lui offrir en partage ce qu'elles savent à ce sujet, l'un des plus préoccupants concernant le sort des femmes. Ankora se saisit opportunément de l'héritage immatériel qui vient de lui être fait. Elle l'intègre en elle, en esprit, avec cette volonté souveraine et puissante qui naît souvent de la sensation de devoir contribuer à une juste et noble cause, d'une façon ou d'une autre. Sa mère se lève, la bénit, une fois de plus, puis elle prend congé, en invitant ses consœurs à la suivre.

La princesse, à présent seule, reste un long moment à repenser aux mots qu'elle vient d'entendre, à chacun des détails de ce moment unique qu'elle vient de vivre.

Jamais plus, sa vie ne sera empreinte de cette légèreté d'être qu'elle avait privilégiée jusqu'alors ! Jamais plus les choses de la vie n'effleureront son être, sans en questionner l'essentiel ! Elle est déjà une autre, avant même de savoir quelles seront les couleurs, les nuances et la force de la trame de sa singulière destinée. La jeune femme insouciante vient de mourir à elle-même, laissant délibérément place à celle dont la véritable révélation reste à venir.

Le chef des rescapé du Vangal comparaît, seul, devant la reine des amazones, dans la salle du trône, au surlendemain de l'arrestation de Houédassou. Ce dernier est toujours maintenu en détention dans un endroit secret, à l'écart des siens.

Blisskiss s'adresse à Sèzo d'une voix vibrant d'une sourde colère :

- Vous détenez, certes, un savoir mais non pas la connaissance. Pour accéder à la connaissance encore faut-il pouvoir se détacher du seul désir du pouvoir qui anime souvent ceux de votre condition pour ouvrir l'esprit, autant à ce qui englobe le savoir, qu'à ce qui le sous-tend.

- Je te concède volontiers cela, reine des amazones. En aucun cas je n'ai la prétention de croire que nos connaissances sont au-dessus des vôtres !

- Pourtant, c'est bien ce qui transparaît dans vos agissements, chaque fois que vous mettez notre intelligence à l'épreuve de façon fort insultante.

- Comment cela ? Qu'avons-nous fait pour mériter de ta part un tel courroux, Ô reine incontestée.

- N'essaye pas de m'adouer. Réponds seulement à mes questions, cela suffira. Que feriez-vous de ce monde si, nous femmes, nous vous l'abandonnions tout à fait ? Avez-vous seulement déjà vraiment réfléchi à cette question ?

- En toute honnêteté, je n'y ai jamais vraiment songé. Il faut dire que dans un monde où la présence des hommes est fortement, pour ne pas dire absolument, liées à celle des femmes cette question ne s'est jamais imposée à mon esprit.

- Et vous n'êtes pas le seul dans ce cas.

- J'affirme néanmoins avoir toujours eu conscience de l'importance de la femme dans la vie de tout homme. Ne naissons nous pas tous d'une femme, que nous soyons de sexe mâle ou féminin ? Face à cette évidence des plus flagrantes, j'ai toujours préféré occulter l'idée de l'apocalypse d'un monde autrement configuré, c'est-à-dire sans femme.

- Si, par le plus grand des hasards, toutes les filles et les femmes de ce monde disparaissaient pour vous y

223

laisser seuls, qu'en feriez-vous ? le tance la reine, à nouveau, d'une voix sourde et amère.

- Je n'ose même pas songer à une telle éventualité, tant l'idée d'un tel monde m'est étrangère et indésirable. Nous ne serions rien sans vous les femmes, je le reconnais vraiment. Seul un idiot, doublé d'un lâche, pourrait prétendre le contraire. C'est comme si vous me demandiez de vivre sans manger, ou encore d'être un arbre sans véritable racine ! Cela me paraît tout simplement aberrant, pour ne pas dire inadmissible.

- Nous sommes bien d'accord sur ce point. Explique-moi clairement, à présent, pourquoi tes congénères et toi, vous n'avez de cesse de nous persécuter, où que nous soyons ?

- Je ne puis décemment parler pour les autres mais, en ce qui me concerne, la femme est tout simplement le cœur même de notre humanité. Sans elle, notre espèce courrait rapidement à sa perte et son extinction en deviendrait aussi inévitable que rapide, selon toute évidence.

- Vénérable reine Blisskiss, venons-en au fait. Pourquoi tant d'animosité, pourquoi sommes-nous sous surveillance étroite depuis hier, et pour quelle raison retiens-tu mon bras-droit prisonnier ?

- Votre officier a été attrapé en pleine action, tandis qu'il tentait de corrompre l'un de nos serfs, assurément dans le but de les soulever tous contre nous. Le serf en question s'est suicidé, plutôt que de comparaître devant nous, accusant ainsi fortement votre ami.

- Je ne puis croire une chose pareille, Houédassou œuvrant pour un soulèvement de vos esclaves contre vous... il m'en aurait parlé si c'était le cas, proteste vivement Sèzo.

- Votre homme s'est fait prendre en flagrant délit de trahison, car il était suivi à son insu par l'une des nôtres.

- Puis-je au moins le voir pour lui demander de s'expliquer clairement à ce sujet ?

- Impossible, chef du Vangal ! Vous êtes vous-même soupçonné de complicité en ce qui concerne cette forfaiture, et je suis au regret de vous annoncer que, suite à la délibération de cette affaire à la cour, en pleine assemblée, toi et les tiens, vous devenez nos prisonniers, dorénavant.

- Mais je n'y suis pour rien et les autres non plus, probablement.

- Malheureusement, et vous le savez aussi bien que moi, une fois que le ver est dans le fruit, on ne peut plus rien en tirer de bon. Nous ne pouvons prendre le risque de vous accorder la moindre confiance, dorénavant.

- Reine Blisskiss, vous vous trompez à notre égard. Nous sommes tout sauf des traîtres, je vous l'assure au nom de ce qui m'est le plus cher !

- Mon ami, il est bien trop tard pour supplier. Vous n'aviez qu'à garder un œil sur les vôtres.

- Je reconnais avoir manqué de prudence à ce niveau. Toutefois, j'étais loin de penser que l'un des miens pouvait se permettre une chose aussi déloyale envers nos aimables hôtesses.

- Vous l'avez dit, et le mot est juste, il s'agit bel et bien de traîtrise et nous ne tolérons guère ce genre de méfaits dans notre royaume.

- Que sera notre sort dans ce cas ?

- Vous le saurez bien assez tôt ! Confiez vos âmes aux dieux, dès à présent. Qui sait... ? Peut-être se montreront-ils cléments pour vous dans l'autre monde ? conclut Blisskiss d'une voix acerbe.

La reine tape dans ses mains à deux reprises, et plusieurs amazones armées entrent. L'une d'elles prie aussitôt Sèzo de les suivre, sur un ton ferme et sans appel.

Dans la grotte dédiée au culte de Jakul, douze vierges et trois princesses sont réunies. Les yeux bandés, tenant fermement une conque suspendue au bout d'un fil, l'une des prêtresses présentes se trouve au milieu du cercle fermé qu'elles constituent, en se donnant les mains. Au signal du tintement sonore de la cymbale dont joue l'une de ses consœurs, elle se met à tourner sur elle-même, prend de la vitesse à en perdre toute notion d'équilibre, puis elle s'arrête brusquement face à l'une des filles, la conque dressée vers celle-ci.   Elle recommence l'opération jusqu'à ce que neuf jeunes filles soient ainsi désignées. Se joignent à elle Sica et deux jeunes sœurs de Blisskiss, pouvant également intéresser le dieu. Deux prêtresses isolent aussitôt les douze, et les conduisent vers le lieu clos, accessible aux seules initiées, dont la reine et elles. Dix jours durant, elles y sont maintenues, enfermées, pour y être purifiées et préparées à la rencontre avec le divin Jakul.

Les filles sont astreintes au jeûne, trois jours durant. Dès le quatrième jour, elles reçoivent l'enseignement sacré qui leur permet de pouvoir se tenir en présence du dieu, sans en être affectées de façon regrettable. En effet, selon la rumeur qui prévaut au sein du royaume, nul autre que les initiées au culte de Jakul ne peut l'approcher de trop près. Raison pour laquelle les prêtresses seules et les princesses entourent la reine, à distance, lors des accouplements du dieu et de la reine, au cours des escapades rituelles.

Le soir du dixième jour, les filles cheminent vers la plage, en présence des prêtresses et de la reine. Elles sont toutes parées d'une longue tunique fluide, leur recouvrant le corps jusqu'aux pieds, le dévoilant plus qu'elle ne le recouvre.

Les prêtresses chantent et dansent autour d'elle, tandis que la reine psalmodie un chant secret, tournée vers la mer. La nuit avance, les nuées accélèrent leur course en procession admirable dans le ciel. L'heure approche où le dieu viendra lui-même oindre sa dulcinée. Blisskiss se tait soudain, pivote sur elle-même en un demi-cercle quasi parfait et, d'un signe de la main, signifie aux prêtresses qu'il est temps pour elles de battre en retraite. Elles se retirent, dès lors, une vingtaine de pas plus loin, toujours en chantant, laissant là la reine et les douze filles apprêtées pour la rencontre avec le dieu.

Un grondement terrible fait subitement bouillir la surface des eaux. L'air en frémit, les filles, tétanisées, en frissonnent. Un tourbillon rase la surface des flots, soulève et entraîne de superbes gerbes d'eau sur son passage. C'est le signe. Celui qu'elles attendent toutes arrive.

Jakul surgit enfin des eaux, toujours aussi impressionnant avec sa haute stature et sa carapace qui change, au gré de ses fantaisies. Celle qu'il arbore aujourd'hui est semblable à celle d'une tortue géante, sans lui conférer cet arrondi bossu qui gâcherait sa souveraine posture. Il avance, aussi léger que l'air qu'il fend avec aisance, d'un pas noble, vers l'ensemble des femmes qui l'attendent autour d'un grand feu, allumé pour la circonstance.

Le dieu est là, haut dressé, superbe. Les filles sont également là, sur la plage, aussi belles que des sirènes, entourées par les prêtresses, qui se tiennent toujours à bonne distance, et par la reine. Mais Blisskiss seule se tient debout quand le dieu surgit enfin des eaux. Les prêtresses se tiennent à trois coudées de distance de la reine et des filles. Douze vierges renversantes de beauté sont là, aux pieds du dieu. Leurs corps huilés luisent et brillent sous l'éclat vif des flammes non loin desquelles toutes attendent, à l'abri du froid. Seule une courte jupe en cuir, de couleur fauve, habille leurs hanches, souligne leur affolante cambrure de même que les proportions admirables de leurs superbes musculatures. La reine se détache légèrement du groupe, va à la rencontre du dieu et s'incline dès qu'elle est si proche de lui que son souffle l'effleure, en une douce caresse. La souveraine des amazones hume longuement l'haleine fraîche aux accents marins de Jakul. Le divin époux fait coulisser les pans de sa carapace vers l'arrière et la prend dans ses bras, pendant un moment. Blisskiss s'écarte de lui enfin, avec grande dignité, dès qu'elle a fini de lui faire ses adieux. Elle se rapproche des filles, ensuite, les désigne d'un geste ample du bras :

- Maître, voici nos filles, faites votre choix.

Jakul survole rapidement chacune des douze vierges présentes, superbement offertes à sa vue. Mais son regard se promène sur chacune d'elle et, revient vers leur reine, insatisfait. Jakul s'adresse enfin à la reine, à son tour :

- Où donc est ma princesse, reine Blisskiss ?

- Mais elles sont toutes là, les filles dignes de votre grandeur, majesté ! avance l'amazone en chef d'une voix légèrement tremblante.

- Toutes là, me dis-tu ? Non, j'en doute fort. Il en manque assurément une ! Celle qui m'est destinée n'est pas

232

ici, je l'aurais reconnue parmi mille, s'il en était ainsi.

Intriguée et perplexe, plus que jalouse, la reine se tourne à nouveau vers les filles qui tremblent de plus en plus, depuis que le dieu se trouve si près d'elles que certaines pourraient le toucher, rien qu'en étendant un bras. Sa voix profonde et puissante aux intonations basses en impose à toutes, visiblement et nulle hormis la reine n'ose vraiment un regard ni un geste. L'ombre de son immense carrure suffit à impressionner grandement tout ce monde dans l'attente de sa décision.

- Vénérable Jakul, nos filles ne vous plaisent-elles donc pas ? s'enquiert Blisskiss, au comble du désespoir. Jamais une telle situation ne s'était présentée, de mémoire d'amazone, et elle doit pourtant faire face à l'imprévu, sans perdre la face.

- Admirable reine Blisskiss, je te le répète, mon élue n'est pas ici, insiste Jakul, tout en la rassurant d'une voix aimable. Allez donc me chercher celle qui se nomme Ankora.

- Ankora, mais c'est la princesse qui vient de subir l'épreuve de vérité et

..., elle n'est plus vierge, qui plus est, mon divin Jakul, annonce Blisskiss, d'un air embarrassé.

- C'est bien d'elle dont je parle ! soutient néanmoins le dieu.

- Honan, fais venir Ankora, sans plus tarder, ordonne aussitôt la reine, en direction des prêtresses, toujours à l'écart.

La doyenne des prêtresses délègue aussitôt cette mission à deux des siennes. Jakul prend congé de l'assistance, après avoir promis à la reine de revenir, dès que sa promise sera là.

La souveraine se tourne vers les filles et leur parle d'une voix rassurante, tout bas, lorsqu'elles se retrouvent seules :

- Amazones, vous êtes toutes magnifiques, je puis vous l'assurer ! Toutefois, et nous le savons toutes, la volonté du dieu est souveraine et il semble bien qu'aujourd'hui, il soit décidé à procéder autrement que prévu. Restez donc là, au cas où il changerait d'avis. Quoi qu'il advienne, nous sommes toutes à son service et nous devons agir en tant que telles.

Honan entonne opportunément un chant sacré, aussitôt repris par ses consœurs, comme pour conjurer le mauvais sort. Leurs voix conjuguées brisent ainsi le silence insupportable et angoissant qui vient de s'installer après le départ du dieu, malgré le bref discours de la reine. Blisskiss parle à l'assemblée, de temps à autre, formulant des paroles douces et sages, rappelant l'essentiel de leur mission présente. Personne d'autre n'ose se faire entendre en dehors du chant, tant l'atmosphère se fait pesante, électrique. La brise du soir souffle parfois, doucement, comme pour rappeler aux êtres en présence que la vie suit toujours son cours habituel, malgré tout ; que l'univers ne semble en rien altéré par la nouveauté qui, ici, surprend et dérange.

Au loin, parfois, par-dessus les eaux, quelques ombres s'élèvent en hauteur, fendent l'espace au-dessus de la surface de l'onde, puis elles replongent aussi rapidement qu'elles sont apparues. Sûrement quelques bêtes marines qui s'égaient, à la faveur de la nuit !

Il s'est déjà consumé à moitié, le feu qui éclaire l'endroit où se tiennent les amazones venues à la rencontre du dieu, tout en les protégeant de la fraîcheur pénétrante du soir, lorsqu'Ankora apparaît, enfin, au milieu de celles envoyées à sa recherche.

Vêtue d'une simple brassière en lin attachée dans le dos, d'une jupe courte et de sandales lacées haut, les cheveux retenus en une seule natte souple, qui descend joliment dans son dos, la jeune femme avance vers celles qui l'attendent. Elle rejoint rapidement sa mère en quelques enjambées souples et félines, une vive lueur d'interrogation illuminant ses yeux grands ouverts. À peine ouvre-t-elle la bouche pour formuler une question que Jakul réapparaît à la surface des eaux et s'approche du rivage.

- Ma princesse, ma promise ! s'exclame Jakul en tendant la main en direction d'Ankora, dès qu'il parvient à la hauteur du groupe des femmes, en attente.

- Elle n'a pu être apprêtée selon le rite d'usage, maître, prévient tout de même Blisskiss, devançant toute mauvaise surprise.

- Celle qui revient de la grande épreuve a-t-elle besoin d'être purifiée avant d'être en ma compagnie ? interroge Jakul, en se tournant vers la reine, sans vraiment attendre sa réponse.

- Non, elle n'en a nullement besoin... ajoute-t-il en reportant son attention sur la princesse :

- Wédomè, viens à moi, ordonne tendrement Jakul, de sa voix profonde et pénétrante, en s'adressant à celle qui vient d'arriver.

L'amazone se hâte d'obéir, s'approche et glisse sa main droite dans celle du dieu.

- Ma princesse...murmure encore le maître de cérémonie, en s'emparant de la main de celle qu'il semble avoir tant attendue. Il l'admire en silence, pendant un moment, sous le regard médusé de l'assistance, puis il s'adresse à la reine, enfin, d'une voix satisfaite et pleinement réjouie :

- Voici celle qui en vaut dix. Dorénavant, elle s'appelle Wédomè. Tel est son vrai nom, à présent révélé, précise le dieu.

Puis il plonge son regard envoûtant dans celui de la princesse qui y reste irrésistiblement rivé, et lui dit :

- Viens, allons-nous-en !

Le nouveau couple s'éloigne aussitôt du groupe, Ankora ou, plutôt, Wédomè s'efforçant de régler son pas sur celui du géant auquel elle vient d'être liée. Le dieu des eaux emporte avec lui celle que nulle ne pressentait comme pouvant être la future reine, au vu des évènements récents ayant fortement perturbé le cours normal des choses au sein du royaume.

Trois jours plus tard, nimbée d'une aura toute particulière, Wédomè revient parmi les siennes. Nulle ne la questionne. Elle réintègre le monde des terriens, naturellement, comme si de rien n'était.

Habituellement, on lave l'élue de Jakul, on la fait jeûner trois jours durant, puis on l'instruit longuement de ces choses mystérieuses que ne peuvent entendre le commun des mortels, sans risquer de basculer dans une forme de démence irréversible. Seulement alors est-

elle jugée apte à approcher le dieu de façon intime. Mais il en a été autrement en
ce qui concerne Ankora, le dieu lui-même
en ayant décidé ainsi. Elle échappe donc
à la règle et en impose naturellement,
dès lors, à toutes celles qui pourraient
contester son ascension prochaine au
trône.

Dorénavant, elle résidera dans
l'une des chambres situées dans les appartements de la reine Blisskiss, en attendant son propre couronnement.

Elles sont toutes là, bordant de part et d'autre l'allée principale qui va du Knorylsea jusqu'à la berge où flottent gaiment les voiles de leurs navires, prêts à appareiller. Leurs vestures de guerre n'ont plus rien à voir avec celles des soirées débridées au cours desquelles elles se plaisent à vivre comme si les joies qu'elles y trouvent seraient les dernières qu'elles auraient à embrasser. Parées, chacune, d'un bustier en lin ou en cuir ajusté sur une jupe courte, évasée vers le bas, pour permettre une démarche ample et souple, elles se tiennent là, fières et racées, en plusieurs rangées qui se font face, le long de la grande route. Leurs sandales de cuir lacées haut dévoilent des jambes aux musculatures plus ou moins prononcées. Leurs peaux brillent sur chaque parcelle dénudée, car elles se sont toutes bien huilées avant de se vêtir. Tout au long de l'expédition, cette précaution leur évitera de se retrouver avec certaines vermines qui s'accrochent facilement aux chairs, dès qu'on les frôle. Une longue lance à la pointe aiguisée, fichée au sol, se trouve dans l'une de leur main, selon qu'elles sont droitières ou gauchères.

Le soleil brille déjà largement à l'horizon et elles attendent de pouvoir embarquer. Au bout de la file, au milieu du passage qui mène aux barques prévues pour les conduire jusqu'aux navires, se tiennent Ankora et Blisskiss. La première a le front cerné d'une couronne de future reine, pour la première fois, tandis que la seconde arbore pour la dernière fois un superbe diadème de reine.

« Pourquoi, pourquoi n'as-tu pas voulu de moi, du beau rêve que je concevais pour toi et moi… ? Pourquoi refuses-tu d'être cette femme qui m'a tant émue dès le départ ? Voici ce que je me suis dit lorsque je t'ai vue pour la première fois : « Cette femme-là, j'aimerais tant pouvoir la serrer dans mes bras, pour la tenir au chaud, humer, à n'en plus pouvoir, le doux parfum d'elle, qu'il soit de musc ou de fleur et, pouvoir l'aimer et la protéger, toujours ! Mais toi, tu n'as voulu rien savoir de tout ça. Tu m'as rejeté comme le dernier des derniers............Ankora aaaaaaaaa, pourquoi... ? », hurle Houédassou d'une voix meurtrie et saisissante, lorsqu'il parvient à la hauteur de Blisskiss et de sa fille. Il vient d'épuiser ses dernières forces à hurler ainsi cette vérité qui est la sienne à la face de celle qui ne fait alors que l'effleurer du regard. Le regard d'Ankora s'est brièvement arrêté sur la personne de l'homme chevillé de fers et menotté de même, qui titube tout en passant devant elle, tout en s'efforçant de la regarder tant qu'il le peut encore.

Elle ne répond pas, ne semble même pas avoir entendu le cri de désespoir de celui qui s'est consumé pour elle, jusqu'au bout. Visiblement, son regard de reine porte déjà par-delà les aspirations des simples mortels. Ses désirs ne sont plus uniquement centrés sur sa seule personne et elle s'efforce de ne rien laisser transparaître de ses propres émois. La jeune femme s'efforce véritablement de prendre le dessus sur la sourde émotion qui s'est emparée de ses tripes, lui rappelant ce qu'elle fut. Un incontrôlable frisson vient la secouer de façon impérieuse, pourtant, courant le long de son échine dorsale, à la vue du seul homme qui l'ait réellement touchée au cœur. Non loin d'elle, toutes les amazones entendent, sans vraiment écouter, les paroles folles qui s'échappent péniblement de la bouche du désespéré, qui n'attend probablement déjà plus rien de la vie. Elles se disent seulement que c'est du vent rejeté dans le vaste espace où tout finit par se perdre, rien de plus. Pour la plupart d'elles, cet homme n'est qu'un idiot jacasseur, doublé d'un traître. Mais Ankora sait au fond d'elle ce que c'est que d'être cette femme-là, dont parle si ardemment cet homme diminué, qui l'aura aimée jusqu'à en perdre la raison.

Mais elle vient de frôler la déchéance, elle a failli basculer dans la crue démence, se retrouver au rang le plus bas, celui des traîtresses, pour avoir osé sortir des sentiers battus et, jamais, plus elle ne veut revivre cela. Les frissons de la passion se font chèrement payer et elle n'a pas été calibrée pour accepter de payer ce prix-là, au détriment des valeurs qu'elle a toujours fièrement portées aux nues. Non, elle ne saurait jamais trahir les siennes, même si elle se trahit peut-être elle-même, au fond. Un cœur d'amazone peut-il seulement se laisser émouvoir ou corrompre par les sentiments amoureux, si chers aux simples humains, si nobles soient ces émotions, sans risquer de se noyer dans les dérives auxquelles ils conduisent, parfois, inévitablement ? Qu'est-ce donc qu'aimer ? Le saura-t-on jamais, vraiment ? En attendant la future reine des amazones revient de loin pour avoir joué avec les feux dévorants de la passion, ne serait-ce qu'un peu ! Exister, ne serait-ce que pour ce qu'elle est vraiment, suffira désormais. La folie des cœurs, elle la laisse volontiers à ceux qui veulent s'y perdre. Pour elle, dorénavant, le temps n'est plus aux expériences hasardeuses. Un combat sanglant s'annonce au terme du voyage qu'elle s'apprête à effectuer en compagnie des siennes, et elle espère qu'elles en reviendront victorieuses, comme souvent.

Mais quel sera le sort de celle, à présent prédestinée au trône du royaume du Knoryl ? Se montrera-t-elle digne des grandes espérances qui sont placées en elle ? Reviendra-t-elle seulement vivante de cette escapade qui s'annonce plutôt périlleuse ? S'édifiera-t-elle à la hauteur des valeureuses reines auxquelles elle pourra succéder, laissant également trace de ses hauts faits dans les annales inédites de la formidable légende des fascinantes amazones ? Seule la vie le sait, en cette heure où tout Knoryl confie son sort aux mains de celles qui se sont toujours battues corps et âme pour que perdure, ici, la grande liberté des femmes. Le lot des pauvres mortels s'investit dans l'urgence que lui impose l'existence, toujours, incertaine. Demain est déjà un autre jour. Jour nouveau qui n'appartiendra vraiment qu'aux seuls survivants.

Aux côtés de Blisskiss, dans l'Avajar, Ankora effectue sa première escapade guerrière en tant que future souveraine. Leur navire se trouve à la tête de la superbe formation en V inversée que dessinent les douze vaisseaux chargés, à leur maximum, des intrépides amazones du Knoryl.

La guerre n'est pas un jeu d'enfants. Elle recherche des vainqueurs, supplicie les faibles, exige des victimes et n'exalte en vérité que sa propre gloire, comme elles le savent toutes. Mais les femmes-guerrières embarquent une fois de plus, dans l'espoir et avec la foi que la victoire sera inévitablement leur. Ne pas y croire, n'est-ce pas avoir déjà perdu, dans un certain sens ?

www.ingramcontent.com/pod-product-compliance
Lightning Source LLC
Chambersburg PA
CBHW020638260626
47157CB00008B/2798